エピソードでたどる

排泄の自立と保育
~近道・まわり道~

水野佳津子 著
秋田喜代美・中坪史典 解説
ネモトトモヨ イラスト

ひとなる書房

はじめに

　「うちの園、保育室とトイレまでの距離が長くて行くまでにもれちゃう子が多いのよね。そうすると"なんでもっと早くおしっこ出るって言わないの"って怒る先生がいて、それを見るのがつらくって……」

　私が子どもの排泄の自立について書こうと思ったきっかけは、こんな保育士仲間の声でした。でも、いくら子どもを怒っても排泄の自立にはつながりません。子どものとまどいに寄り添いながら、その子に合わせて見守っていくことが必要不可欠です。とはいえ、あらぬところにこんもりうんちが落ちていると、子どももパニック、大人もパニック！　そんなハプニングもくり返しながら、排泄の自立は長い時間をかけて行われていきます。

　こうした道のりも、保育士には当たり前すぎて、わざわざ注目することはあまりないかもしれません。でも、私はこれまでたくさんの子どもたちの「自立」とつきあってきましたが、今でも新鮮な発見があります。そして、排泄場面は、忙しい日常の中で子どもとつかの間1対1になれ、思わぬ表情に出会える"なんて素敵な時間なんだろう"と思うようになりました。本書に登場するエピソードは、そんな思いで数年にわたり書きためた保育日記から抜粋したものです。

　それにしても排泄場面には、予想外の展開にあたふたしているところも含めて、自分の保育のすべてがさらけ出てしまうものだと、今回自分の書いた記録を整理していて実感しました。私自身は、経験を重

はじめに

ねるうちに、「"失敗"は子どもにとってもおとなにとっても、関係性を築き成長していくための大切なプロセス」と思うようになりましたが、周囲の目線を気にして安心して失敗できない保育士さんも多いと思います。ゆっくり見守ってあげたくても、少ない人数で大勢の子どもをみなければならず、なかなか思うようにできないのも現実。本書を読んで、まずは"失敗しても大丈夫なんだ"とホッとし、"トイレで子どもの表情やつぶやきにもっと注目してみよう""職場で話題にしてみようかな"などと思えるきっかけにしていただけたらうれしいです。

　出なくたってOK、失敗しても大丈夫。
　子どもとの新しい出会いを楽しみに、さあ、今日もいざトイレへ──

2019年7月7日

水野佳津子

本書に登場する0〜2歳児の保育室とトイレの配置図

園の概要
- 名称：立正佼成会附属佼成育子園
- 所在地：東京都杉並区
- 対象：生後9週目から就学前まで
- 定員：198名
- 保育時間：午前7時から午後7時まで

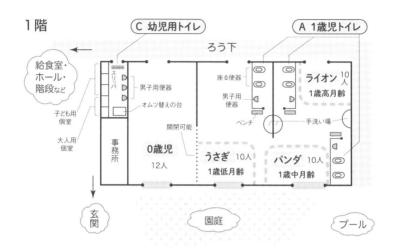

配置図は、本書のエピソードが記録された当時のおおよその様子を示すもので、0〜2歳児の保育室の配置や人数は年度によって変動があります。

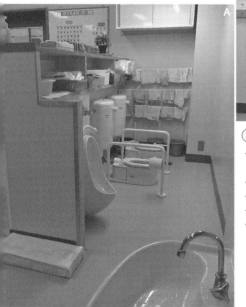

A　1歳児保育室内のトイレ

- 1階の1歳児保育室内（低・中・高月齢の3クラスで使用）に同じつくりで3ヶ所。
- 保育室とは約120cmの壁で仕切られている。
- 座る便器が2つ、男子用便器が1つ並んでいる。
- スリッパははかずにそのまま入る。
- トイレを出たところにパンツ・ズボン脱ぎはき用のベンチと手洗い場。

2階

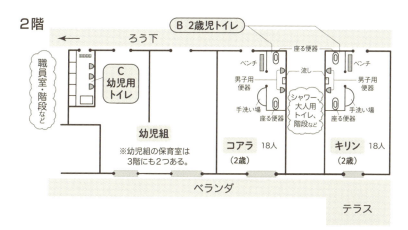

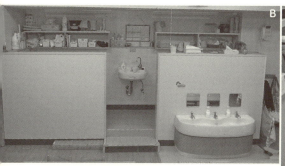

B 2歳児保育室内のトイレ

- 2階の2つの2歳児保育室内に同じつくりで1ヶ所ずつ。
- 保育室とは約140cmの壁で仕切られている。
- 中央の大人用の流し（手洗い場）をはさむようにして男子用便器が2つ、両端に座る便器。
- スリッパははかずにそのまま入れるが、段差がある。
- トイレを出たところにパンツ・ズボン脱ぎはき用のベンチと手洗い場。

C 幼児用トイレ

- 1階と2階に同じつくりで1ヶ所ずつ。
- 保育室とは独立していて、ろう下から出入りする。
- 奥にオムツ替えの台があって、1歳児のオムツ替え時に使用。このトイレのみスリッパ使用。
- 奥から大人用個室が2つ、子ども用個室（座る便器）が3つ並んでいる。
- 個室の反対側の壁面に男子用便器が3つ並んでいる。

もくじ

はじめに 2
本書に登場する０〜２歳児の保育室とトイレの配置図 4
読者のみなさまへ　中坪史典 10

第1章　とまどいと喜びと

1 はじめて感じる「おしっこ」——— 16　〜貴重な経験〜
2 えっ！ここから出てくるの!?——— 17　〜衝撃から理解へ〜
　コラム　発達途上の子どもの体の特徴を知る　19
3 きみもどうぞ！——— 21　〜遊びながら感覚を見計らう〜
　コラム　トイレに連れていくのはいつから？　23
4 おしっこが出るのがこわい——— 25　〜行きたい、でもこわい〜
5 忘れもの——— 26　〜パンツをはくのも大仕事〜
6 まだまだほめてほしい——— 28　〜トイレでの排泄が習慣づくまでは〜
7 子どもの心に寄り添う絵本——— 30　〜一番がんばっているのは……〜
　（1）1歳児クラスの夏ごろ　30
　（2）2歳児クラスの5月ごろ　30
　コラム　排泄にまつわるおすすめ絵本　33

第2章　続々起こるハプニング

1 プールはもよおす!?——— 36　〜心も体も解き放たれて〜
　（1）いざ、入ろうとしたら……　36

（2）立てないけど立ちション!?　38
2　出ると思わなかったのに……　39　〜ただ今、試行錯誤中〜
3　大きいほうの話　41　〜大事件も次につながる大切な1歩〜
　　　（1）こんもり　41
　　　（2）ボトッ　42
　　　（3）点々々……　42
　　　コラム　時には一緒にびっくりし合う　45
4　トイレットペーパーの海　46　〜保育士と子どもの温度差〜
　　　解説　ハプニングを受け止める園内のチームワーク（秋田）　48

わかってからが長い道のり

1　出てないよ！　52　〜今は感覚を覚える時〜
2　最後までさせて　53　〜待ってもらえる安心感〜
3　出たよ　54　〜「出た」と言える関係〜
4　できな〜い！　55　〜"できた！"を自信に〜
　　　コラム　子どもはサインを出している　57
5　出たんだもん！　58　〜うんちコミュニケーション〜
　　　解説　揺れや甘えも大切なプロセス（秋田）　61

トイレはもう一つの保育室

1　シーシー　64　〜排泄は生活全体とつながっている〜
2　ふいてね　65　〜大人の固定概念をくつがえす〜
3　スリッパデビュー　67　〜スリッパが成長を促す!?〜

7

（1）はけたよ　67
　　（2）手ごわいスリッパ　68
　　（3）ぼくもトイレに　69
　　　解説　トイレで試される大人の「固定概念」（中坪）　71

第5章 トイレも友だちと一緒がうれしい

1　オムツ同じ　──────　74　〜"おんなじ"の威力〜
2　はんぶんこ　──────　75　〜トイレは遊びの場・学びの場〜
3　パンツコレクション　───　78　〜友だち関係の深まりと仲間意識〜
　　　解説　子どもの豊かな経験を育む場、
　　　　　　保育者の子ども理解を促す場としてのトイレ（中坪）　80

第6章 はじめて"違い"に出会う

1　紙を渡すべきか、渡さぬべきか　───　84　〜くり返しが必要〜
　　（1）紙ちょうだい　84
　　（2）次の日は……　85
2　私も立ってやりたい！　──────　87　〜新たな便器へのあこがれ〜
　　（1）あそこでやるとお姉さんになれる!?　87
　　（2）取りっこ　89
3　違いに気づいた瞬間とその後　───　91　〜わかり方はいろいろ・だんだん〜
　　（1）これなあに？　91
　　（2）先生、女の子？　93
　　　コラム　集団だからこそ自然に学べる"同じ"と"違い"　94

もくじ

第7章 パンツは偉大だ

1　ジャ〜ン！ ——— 96　〜パンツになることは一大イベント〜
　　コラム　パンツと紙オムツ・布オムツ、みんな偉大だ　98
2　偉大すぎるパンツ ——— 99　〜親子の喜びは計り知れない〜
3　パンツの窓 ——— 100　〜記念写真!?〜
　　解説　世界のトイレシーンの歴史（秋田）　101

第8章 悩みも喜びも保護者とともに

1　お母さん、がんばったね ——— 104　〜ともに歩めるのも保育士だから〜
　（1）パンツにしてみたものの……　104
　（2）笑顔が消えていくお母さん　105
2　背中を押すタイミング ——— 108　〜お母さんの気持ちが整うまで〜
　（1）まだ、オムツで　108
　（2）もう、パンツ……　109
　　コラム　「出す」と「食べる」はつながっている　112

　　まとめにかえて　保育の豊かさを支える排泄の時間　秋田喜代美　113

謝　辞　118

プライバシー保護の観点から、エピソードに登場する子どもの名前はすべて仮名とし、個人が特定されないよう事実関係を一部変更しています。

読者のみなさまへ

排泄場面は子どもと大人の「駆け引き」!?

「オムツはずしの時期はいつからいつまで？」
「何歳までにオムツは取れたほうがいいの？」
「上手にオムツがはずれる方法やコツは？」

　インターネット上には、子どもの排泄にまつわる記事や排泄の自立を指南する記事があふれている。人気の補助便座やトイレで使える踏み台、おねしょパンツやおねしょシーツなど、おすすめのグッズも多数紹介されている。

　一般的に、オムツはずしがもっとも多い時期とされる２歳〜３歳ごろは、「イヤイヤ期」と呼ばれる第一次反抗期でもあることから、排泄に限らずあらゆる場面で子どもは、なかなか大人の思い通りに動いてくれない。ましてや保育所や認定こども園など、集団生活の中の排泄場面となると、一刻を争うこともある。あわててトイレに連れていこうとする保育者と、それに抵抗して大泣きし、逃げまわる子どものやりとりは、時に壮絶であり、保育者にとって苦悩や葛藤をともなうことも少なくない。

　先行研究においても、こうした状況に対して保育者は、「子どもの気を紛らわせる」「子どもの身体を押さえる」「いいきかせる」「課題を与える・おだてる」など、手を替え品を替えながら子どもをトイレに行かせようとし、それでも子どもが強固に抵抗すると、「おどかす・放置する」「遊びを利用する」といった方法を試みるな

ど、両者の駆け引きがさかんになっていくことが指摘されている（村上・根ヶ山 2007）。

園と家庭の思惑のズレ

　ところで、共働き家庭が多数を占める今日、子育ての状況は以前とは大きく変化している。仕事が忙しい保護者からすると、わが子の排泄の自立を園に任せてしまい、その結果、園ではちゃんとトイレでできるのに、家庭では紙オムツのまま、保護者がトイレに誘うこともないなど、園と家庭の連携がむずかしいことが指摘されている。

　また、日本製の紙オムツは、爽やかさ、通気性、やわらかさ、肌へのやさしさ、吸収力など、品質のよさが海外からも評価されているが、それによって子どもにオムツがぬれた感覚や不快感を感じにくくさせてしまい、排泄の自立を促すための経験を奪いかねないことも指摘されている。紙オムツの吸収力があまりにすばらしく、横からもれることもなく、子どもにとっても不快感が少ないことから、家庭によっては節約重視や面倒回避の観点から、一回のオムツを重たくふくれあがるまで使用したり、しかし、園ではこまめな交換を家庭に求めたりなど、両者の思惑が異なることもある。

　こうした中で保護者は、園に対してわが子の排泄の自立に関する期待を寄せ、それに応えるべく園もまた、多彩なトイレトレーニングを展開するケースも見受けられる。

排泄の自立は人生の大切な一歩

　以上のような状況に対して本書は、トイレトレーニングの具体を紹介するわけでもなければ、子どもをトイレに連れていく方法やコツを指南するわけでもない。専門性豊かなベテラン保育者である水野佳津子さんが、トイレという常設された固定的環境（言うまでもなく、保育室とトイレを結ぶ動線は変更できないし、設置された便器を

動かすこともできない制約された状況）の中で、可能な工夫を施しながら、子どもの行為に驚いたり、とまどったり、彼（女）らの行為の意味を発見して新たな子ども理解を形成したりなど、排泄の自立に到る過程を子どものために、ともに歩む姿が描かれている。

　一般的に考えると、子どもの排泄は、園におけるすべての子どもが毎日何回も行う行為であるとともに、自立までの期間が長期に渡ることや、その期間において子どもがもらしたり、やっとの思いでトイレに座らせたのに出なかったりなど、いろいろなハプニングが巻き起こる。したがって保育者からすると、つい落胆したり、怒りたくなったりなど、苦痛、困難、葛藤をともなうことも少なくない。

　しかし、本書に記されるエピソードからは、そうしたネガティヴな印象は伝わってこない。また、トイレトレーニングという言葉から想起されるような、あたかも保育者が子どもを訓練するかのような状況も描かれていない。本書に記されるのは、私たち大人にとっては排泄という日常的な行為が、子どもにとってははじめて経験する出来事であるため、それに保育者が寄り添い、一緒にとまどい、驚き、喜び、楽しみながら、排泄の自立という人生の大切な一歩をともに歩んでいる姿である。

子どもを人として尊重する

　言い換えるなら、本書に登場する個々の子どもは、排泄をめぐって保育者から一方向的に保護され、養育され、訓練される対象でもなければ、客体の位置に留め置かれる対象でもない。排泄の自立という「人間が人間になる」過程において、保育者から主体として位置づけられ、人として尊重された子どもの姿が描かれている。

　おしっこやうんちが出てくる場所も知らなければ、どうやって出すのかもわからない。出てきた排出物に驚き、止めようにも止められずにパニックを起こす。そうした子どもの姿を通して私たちは、

大人が思いも寄らない子どもの世界に触れることができる。また、そうした子どもの姿に驚き、ハッとさせられ、新たな子ども理解を形成し、自らの関わりを省みる水野さんの姿を通して私たちは、排泄の自立を効果的に促す方法やコツとは異なる保育の大切さや奥深さに触れることができる。

排泄の自立を子どもとともに歩む「道しるべ」として

　本書は、そんな40余のエピソードを中心に、排泄に関わる保育で大切にしたいポイントをまとめた水野さんの「コラム」、エピソードから見えることや、排泄にまつわる職員同士の連携、環境や文化との関わりなどをまとめた「解説」で構成されている。「解説」は、水野さんとともに実践研究や共同研究を続けている秋田喜代美さんと中坪とで担当した。

　私自身、水野実践を通して、読者のみなさんとともに、大人の固定観念を越えた子どもの世界を味わうことができるのは、大きな喜びである。子どもの排泄の自立が、保育者や保護者など、まわりの大人たちにとっても喜びをともなったものであり、「スリッパデビュー」や「初パンツ」の喜びを大人も一緒に共有するような、本書がそんな「道しるべ」になることを願ってやまない。

　なお、それぞれのエピソードに登場する子どもは、情報として年齢や月齢が記されているが、決して発達の道筋を示すものではない。また、本書に記されるエピソードは、0〜2歳児クラスの担任やフリー保育者として水野さんが記した約7年間の記録がもとになっており、したがって年度の異なるさまざまな子どもが登場する。この点を前置きとして記しておきたい。

中坪史典

＊村上八千世・根ヶ山光一 2007「乳幼児のおむつ交換場面における子どもと保育者の対立と調整―家庭と保育所の比較」『保育学研究』第45巻第2号 19-26頁

第1章

とまどいと喜びと

　赤ちゃんはみんなオムツをし、そこで排泄をしている。自分のおしっこやうんちが出てくるところを見たことがない。オムツを脱いでトイレに座っても、いつ出てくるのか、何が出てくるのかすらわからない。それが突然自分のおしりから飛び出してくる！　驚き、とまどい、喜び、恐怖……。今しか出会えない表情をキャッチし、子どもたちの揺れる心に寄り添っていきたい。

1
はじめて感じる「おしっこ」

しんたろう（男児、1歳5ヶ月）

　午睡後、オムツにおしっこが出ていなかったのでトイレに座らせてみる。何か新しい乗り物にでも乗っているかのように、ニコニコで座っている。隣に置いてあった車の写真を手に取って見ている。ちょっとの間座っていたが、おしっこをするというより楽しくなってきてしまったようなので、

　私：もういいかな？　またトイレに来ようね。おいで〜

と呼ぶと、しんたろうくんは立ち上がってトイレから出てこようとしていた。その間に私は他の子のパンツをはかせ、しんたろうくんのところに戻ってみると、出てしまっていた。足を縮めて困ったように下

第1章　とまどいと喜びと

を見ていたしんたろうくん。きっと出るとは思っていなかったんだろうなあ……

貴重な経験

　トイレに行きはじめのころは、トイレに座っても誘われたから座っているだけで、ここでおしっこをするものだということはまだわかっていない。そんな時に目に入った大好きな車の写真。だれにも邪魔されず、他の子に取られる心配もなく見られるのだから、そちらに気が行ってしまうのも当然である。でもおしっこは出したかったのだろう。立った途端に出てしまった。これも当然である。いつも立って歩いたり遊んだりしながらオムツの中にしていたのだから、いつもの姿勢になった途端に出しやすくなって体が反応して出たのだろう。生あたたかいおしっこが足を伝わっていく……自分のおしっこをはじめて感じた貴重な経験。

2

えっ！　ここから出てくるの!?

ともたけ（男児、2歳0ヶ月）

　トイレに座っていたともたけくん、立って下を見て、おちんちんをさわって、また下を見ている。よく見ると、便器の横に"大きな水たまり"がある。まだトイレでおしっこをしたことがなかったともたけくん、いつものようにトイレに座って水を流して帰っていこうとしたら出てしまったようだ。ここから出てくるのをはじめて見て、びっくりしたようである。おちんちんをさわって動けなくなっていた。

衝撃から理解へ

　ともたけくんは、トイレに座ってもなかなか出なかった。"流すことでトイレは終わり"という感じで、ちょっと座るとすぐに水を流して出てきて

17

しまう。トイレに誘うと嫌がらずに座りにいく姿から、本人も出したいという気持ちはあったのだろう。でも自分の意志だけではおしっこは出てくれない。ところが、この日は立ったら出てしまった。いつもはオムツにしていたおしっこが突然外に出てきたことに加え、自分のおちんちんの先から出てきたことから受けた衝撃の大きさが、動けなくなっている姿に現れている。でもともたけくんは、この出来事があってからトイレでおしっこができるようになった。

第1章　とまどいと喜びと

コラム
発達途上の子どもの体の特徴を知る

　自分のおしっこを見てびっくりする子、ジーッと不思議そうに見る子、自分のおしりから落ちてくるうんちに茫然とする子……。はじめて体験する感覚へのとまどいもさることながら、子どもはそもそも大人とは異なる感じ方をしている。排泄に関わる体のメカニズムや発達にも目を向けてみたい。

「おしっこが出る」感覚のメカニズム
　腎臓でつくられた尿は膀胱に送られ、一定量以上たまると膀胱壁が排尿の必要性を感知し、膀胱から神経、脊髄そして延髄・視床下部を経て大脳皮質へと伝わる。これがいわゆる「尿意」である。
　この膀胱からの発信は、神経系の発達とともに、1歳ごろ、大脳皮質まで届くようになる。「尿意の自覚」はこれによって成立する。それ以前の乳児の場合、膀胱壁が感知した「尿意」が大脳皮質に届く前に脊髄の反射によって排尿が行われる。つまり、「おしっこが出る」と思う前に尿が出されてしまう。自分では"出そうと思ってないのに出ちゃう"のである。

子どもの膀胱の特徴
　もう一つ、大人と子どもの大きな違いは膀胱そのものである。個人差は大きいが、大人の膀胱の大きさは平均約500mlなのに対して、乳児で40〜50ml、2〜3歳児で50〜100mlである。子どもの膀胱は、その時の都合に合わせて少量でも排尿するということは不可能で、一定量の尿がたまらないと排尿できない。さらに、膀胱内に一定量の尿がたまったら長くがまんすることができないことも特徴である。大泣きしたりなど、何かの拍子に腹圧がかかって本人の意志

19

とは関係なく出ることもある。

　子どもが「おしっこ出る」と言ってきたのであわててトイレに連れていこうとすると、トイレに着く前に出てしまうことはよくある。「もっと早く教えてよ〜」と言ってしまいがちだが（私もかつて言っていた）、"尿はたまってこないと出せない。やっとたまったので出したいと思って保育士に知らせた。でもたまるとがまんできずにすぐに出てきてしまう"という子どもの膀胱の特徴を知ると、なんて無茶なことを子どもに言っていたのだろうと反省する。

　「遊びに夢中でいつもギリギリで言ってくるんだから。今度はもっと早くトイレに行こうね」という言葉も保育現場でよく聞かれる。これも、夢中になりすぎてトイレに行かなかったのではなく、"おしっこしたい"と思ったのが「今」だから言ってきた、でも思ってからは長くためられないから出てしまっただけのことである。大人は尿意を感じてもためていられるが、子どもはそれができない。このメカニズムを知ることも、子どもに寄り添ってあげられる1つの要素になる。

（水野）

＊児童育成協会／監修、寺田清美・大方美香・塩谷香／編、『乳児保育』中央法規、2015年、118、6-19頁
＊末松隆子『紙おむつを通して子育てを考える』新日本医師協会東京支部、1992年

第1章　とまどいと喜びと

3

きみもどうぞ！

まさかず（男児、2歳2ヶ月）

　1歳児クラスでは、進級に向けてトイレに行って、便器に座ってみている。嫌がらずにトイレに行く子が多い中、まさかずくんは3、4ヶ月前まではトイレに誘っても嫌がり入っていかなかったが、みんなが普通にトイレに行くのを見て、今では行くようになっていた。それどころか今まで行かなかった分トイレが楽しくなってきた。ズボンと紙パンツ（オムツ）を脱いで下はスッポンポンのまま、2つある便器を行ったり来たりしたり、便器に座って排泄もしていないのに水をジャージャー流したりしている。そんなまさかずくんも、それなりに便器に座って少し落ち着いていられるようになった。

　その日も落ち着いて座っていたので、他の子の様子を見てからまさかずくんを見ると、いつになくジーッとおちんちんを見ている。するとおしっこがチョロチョロと出た。私は思わず、

　私：出た〜！

と叫んで大喜びしてしまう。まさかずくん、私を見上げてニッコリ。

　私：まさかずくん、すごい。トイレでおしっこできたの!?

と拍手され、まさかずくんもうれしそうに笑っている。そこへ、1人の子がトイレの前を通り過ぎようとした。その途端、まさかずくんがその子の背中をやさしく押して“どうぞ”とばかりにトイレに入ることをすすめた。よっぽどうれしかったのか、このすばらしいトイレ

21

に"どうぞ入ってください"と誘い入れているようだった。

　その子がトイレに座ったことを確認したまさかずくんは、満面の笑みでトイレから出てオムツをはいていた。お兄さんになった気分だったのかな？　得意気にいつもより早くパンツとズボンも1人ではいていた。

遊びながら感覚を見計らう

　数に限りのある便器、1人に占領されてはたまらない。「遊んでいるなら出てきてよ」と言いたくなる。でも子どもなりにおしっこしたい思いはある。そして出そうという感覚も出てきている。座ってジーッとしている姿が見られるようになったのがその証拠。遊びながらも出そうな感覚を見計らっている。ただそれが定まらないだけなのだ。

　そんな時、怒ったり、無理に座らせてジッとさせたりしてしまうと、トイレそのものを嫌がる感覚ができてしまい、なおさらおしっこが出なくなる。プレッシャーをかけるのではなく、楽しくトイレに行けていることが大切。そんな期間があったからこそ、まさかずくんも便器に座っておしっこが出せたのだ。そしてトイレでおしっこができた喜びは、心を友だちへと向けさせる。トイレから出てさっさとパンツとズボンをはく姿も、トイレでおしっこができた喜びの現れである。

コラム

トイレに連れていくのはいつから？

まずは"お座りごっこ"から

　オムツがはずれる時期は子どもや環境によって違うので一概には言えないが、年々遅くなり、今では3歳すぎてオムツをしていてもだれもおかしいと思わなくなってきた。早くトイレトレーニングをはじめたからといって、早く自立するわけではないと育児の本にも書いてある。子どもが尿意を自覚できるようになる1歳以前にトイレに連れていっても仕方ないと言われることもある。

　しかし、トイレでおしっこしなくちゃという意識が出てきてから連れていくほうが大変、というのが私の実感である。わかっているだけにトイレに座ると出さなきゃと思って力を入れて逆におしっこを止めてしまったり、どうやったら出せるのか悩んでしまう子もいる。だから私は、1歳前であってもオマルに座らせている。わからないうちにトイレに連れていき、みんなで楽しく便器に座ろうという"お座りごっこ"のようなものからはじめるのである。

　ただし、無理に座らせるのではなく、子どもの好奇心を大事にしている。今まで入ったことがなかったトイレに入って便器にも座れて楽しい、紙をもらったりジャーっと水を流したりするのはもっと楽しい。未知の世界を体験するのは好奇心旺盛な時にはたまらなく楽しいに決まっている。そんな時こそトイレに行くのがいい。オマルやトイレに自然と慣れていくうちに、尿意を感じて出せるようになった時には無理なく便器に座れるようになる。そこでタイミングが合えば出してしまう。それが2、3回続けばもう排泄の自立は近い。

排泄だけを目的にしない

　トイレでおしっこを出させることだけを目的にすると、なかなか

出なかったり、出ないから立たせたら出てしまったりすると、保育士はイライラしてしまいがちである。それよりも、みんなで楽しくトイレに行ってみよう、というくらいの気持ちで構えていると、保育士のほうも楽しくなってくる。ニコニコで便器に座る子どもたちを見ると、なんでこんなにうれしいのかとおかしくなってくる。水を流すことに慣れてくると、何度もジャージャーやって楽しんでいるが、これもこの時期ならではの楽しさである。「流すのは１回でいいのよ」なんて言っても聞く耳もたずで、「もういいよ」と言って連れ出すまで遊んでいる。

　トイレは苦になるところではなく安心していい場所だと子ども自身が思えると、自然に出るようになる。くり返し水を流してみたり、便器に座ったり立ったり、隣の便器に移動したりもＯＫにすれば、トイレに行くことが子どもも保育士も楽しいだけでなく、自立していくのも早いのである。

一緒に喜んでくれる保育士の存在

　おしっこが出ているところを見たり、他の子が出しているところを見たりして、ここで出していいんだとわかる。そして自分も出してみたいと思うこと。シャーっと出る音を聞くことや放尿感を感じることも大事である。見ること、聞くこと、出すこと、その感覚を知っていくことも、排泄の自立の重要ポイントである。

　さらに、保育士がそばにいて、はじめて見る自分のおしっこに驚いている子どもには、"それってうれしいこと、そこは喜ぶところなんだよ"と言葉や表情で示してあげることも大事である。すると、次に出た時にはうれしそうな顔をして保育士のほうを振り向いてくれるようになる。そして「やった〜」と両手をあげて一緒に喜ぶ。それが排泄の自立の１番の近道である。

（水野）

第1章　とまどいと喜びと

4
おしっこが出るのがこわい

みな（女児、2歳1ヶ月）

　みなちゃんは、トイレに行ってもフラフラ歩き回っていて便器に座ろうとはしなかった。その日はたまたま座った時におしっこが出てしまって、あわてて立って歩き出した。おしっこを出そうとしていないのに急に出てきてしまって、びっくりしたのであろう。それ以降、ますますトイレに座ろうとしなくなった。

　数日後、みなちゃんはお昼寝明けにもかかわらずオムツがぬれていなかった。便器に座らせると泣きはじめた。お昼寝中にたまったおしっこが出そうでたまらなかったようである。泣いた拍子におなかに力が入っておしっこがシャーッと出た。

　でも今回は、こわさより喜びがまさったのか（すごく気持ちよかったんだよね、きっと）、トイレを出たあと、まわりにいた子どもたちにトイレでおしっこできたことを知らせていた。泣いたおかげで全部便器におしっこを出せ、自信がついたみなちゃんは、翌日、おしっこをしようとして便器に長い間座っていた。そしてこの日も排尿ができ、この日を境に自分で出そうとし、排尿できるようになっていった。

行きたい、でもこわい

　トイレでおしっこができたことを夢中になってまわりの子に知らせる姿には、本当はトイレで排尿したかったという思いが満ちあふれていた。トイレの中でフラフラ歩き回るという行動の裏には、便器に座ると急におしっこが出てきてしまうのがこわい、でもみんなが行っているトイレに私も行きたいという相反する思いがあった。子どもの葛藤に気づき、長い目でつき合ってあげることが重要である。

25

5

忘れもの

こうじろう（男児、2歳0ヶ月）

　トイレに行きはじめたばかりなので、オムツやパンツとズボンをトイレの前で脱いでからトイレに入り、便器に座ってみるということをしている。出る子もいれば、出ない子も多い。こうじろうくんも今回は残念ながら出なかった。トイレから出てきたので、パンツに両足を入れてあげてから、

　　私：よいしょ！

とかけ声をかけて、自分で引っぱり上げるように促した。ところが、両手でパンツのおなかのあたりをつかんで上げようとするので、前のほうは上がっても、おしりはまるまる出ている。

　　私：こっちの手をうしろにして上げてごらん

と言って、うしろに手を持っていって引っぱる位置を知らせる。

　　私：よいしょ！　そう、そう！

　すっぽりとおしりが入った。

　　私：入ったね。上手だね！

とほめると、こうじろうくんはニコっと笑って保育室に入っていった。

第1章 とまどいと喜びと

　私：こうじろうくん〜、ズボンはいてないよ

と思わず声をかける。本気で忘れたようだ。下半身を見て気づいて、

　こうじろう：あ〜！

と言って戻ってきた。パンツを上げた達成感で、終わった気分!?

パンツをはくのも大仕事
　パンツへの移行のはじめのころは、パンツとズボンをトイレの前で脱いでからトイレに入っていくが、これが一苦労。パンツに足を突っ込んだはいいが足が引っかかって出てこないことに怒っている子、同じ穴から両足を出して立てないで困っている子、足は出たがパンツがうまく上げられなくておしりを出しながらフラフラ歩いている子、さらにはめんどくさくなってはかずに走り回っている子……。補助するだけでも大変である。でも、子どももパンツ1つはくのに苦労している。なんたってパンツを上げただけで達成感を感じて、ズボンをはき忘れるぐらいなのだから。1つ1つ丁寧に関わりながら要領を知らせていきたい。

6

まだまだほめてほしい

そうじ（男児、2歳7ヶ月）

　トイレに行きたがらないそうじくん。ちょっと前までは誘うと嫌がらずに行っていたのに、最近は逃げまくっている。でも今日は、午睡明けにオムツがぬれていない。これは、トイレで排泄できるチャンス。オムツを脱がしたところまでは、起きたばかりだったのでまだ寝ボケていたが、トイレの中に連れていこうとしたら目が覚めてきた。

　そうじ：行かない！

と言って、力を込めて抵抗する。

　私：あ、ご飯粒ついている！　取るからここに座っていて

と言って連れていって座らせたが、抵抗して降りようとする。

　私：あ、ご飯粒、頭にもついている。取るからジーッとしていて
　　……あ、ここにもついている

そうやって取っているうちに、おしっこが、シャー……

　私：あ、出たね！　そうじくん、すごい！

と言うと、そうじくんがニッコリ！

第1章　とまどいと喜びと

　　　私：ピースだね！

とピースするとそうじくんもピース。2人で両手を顔の横につけてピース！　おやつのあともトイレでおしっこが出て、また2人でピース！

トイレでの排泄が習慣づくまでは
　トイレに座っておしっこができるようになってきたころ、トイレに行きたがらない子が出てくる。トイレでおしっこができるようになるまでは、やさしく連れていってもらって「出るといいね」と声をかけられたり、出た時はいっぱいほめてもらったりしていた。でも、トイレでおしっこができるようになると、トイレに行くことは当たり前になり、行かないで逃げ回っていると怒られることのほうが多くなる。楽しかったトイレも嫌なものに変わってしまう。そうじくんの家はきょうだいも多いので家族みんなで小さいそうじくんをかわいがりトイレの心配もみんなでしていたが、トイレに行けるようになったら、そうそうほめてもらえなくなった。
　この日はたまたまついていたご飯粒で気持ちをまぎらわせながらトイレに座らせていたら、タイミングよくおしっこが出て、その後もトイレに楽しく行けるようになった。トイレで排泄できるようになったからといって、急に今までしてきた声かけやほめることをやめては子どもはとまどう。子どもがトイレで排泄することが本当に習慣になるまでは、おしっこができたことを一緒に喜ぶことが大切だと思う。

7
子どもの心に寄り添う絵本

(1) 1歳児クラスの夏ごろ

　1歳児クラスを担任していた夏のはじまり、トイレでの排尿が成功する子が何人か出てきた。そろそろパンツのお願いを保護者にしていこうと思っていた。そこで子どもたちにもパンツに関心を持ってもらおうと思い、パンツの絵本を持ってきて子どもたちに見せはじめた。『だれのパンツ』は、いろいろなパンツが出てきて「だれのパンツ？」という声かけがされ、次のページで、だれのパンツだったかわかるようになっていた。子どもたちは大喜び。大好きな絵本の1つになった。

　何回も読んでいるうちに、本棚に置いておくと、自分たちで持っていって見るようになった。言葉もすっかり覚えていて、「だれのパンツ？」「○○のパンツ」と自分で質問し、自分で答えては喜んでいた。いよいよ自分たちも、というパンツへの期待が目に見えるようだった。

『だれのパンツ』
佐藤洋／作
森田みちよ／絵
佼成出版社、2009年（品切れ）

(2) 2歳児クラスの5月ごろ

　2歳児クラスに進級した5月ごろ、トイレに行っておしっこが出るようになってきたので、今度はトイレの絵本を読んでみた。『とんとん　トイレ』という小さな仕掛け絵本だった。

第1章 とまどいと喜びと

表紙では、ドアの小さな窓のところにちょっと見える動物を指さして「これ、だれだ？」と言うと、「うさぎさん」「ぴょんぴょん」などとそれぞれの表現で元気に答えてくれた。

「このドア、何のドアだろうね？」と言いながらめくると、そこは"トイレ"。急に静かになった子どもたち。トイレに座っているうさぎが「おしっこでたわ。すっきり」と言うと、子どもたち全員の動きが止まった。

次のページのドアを開けると、別のうさぎが「やあだ、トイレ、やあだ。おしっこ　でないもん」と泣いているのを見て、思わず「あ、こういう子、コアラ組さん（2歳児クラス）にもいるよね」と言うと、顔つきが変わった子が数人、とくにかよこちゃんの顔が"しまった"

『とんとん　トイレ』
わだことみ／作
冬野いちこ／絵
岩崎書店、2015年

という顔になった。4月から入園してきたかよこちゃんは、まだトイレでおしっこが出ないので、トイレを嫌がるようになっていた。

さらに次のページの「だいじょうぶ。おしっこさん、おしっこさん。こんどは　でてきてね」の言葉に釘づけになった子どもたち。続くページの「あー、おしっこ　でちゃった。どうしよう〜」の言葉には全員真剣な顔、「『だいじょうぶ。おしっこさん　おしっこさん　こんどは　ゆっくり　でておいで』って言えばいいんだって」にも、反応なしだった。

次をめくるとドアの小さな窓から熊の耳が見えていた。「これ、だれだ？」と聞いたが、シーン。私は、"あれ？　どうしちゃったの？いつもなら先を争うように答えるのに"と思って子どもたちを見ると、だれも動かない。「だいじょうぶ　だいじょうぶ。うんちくん、こんどは　しっかり　でてきてね」の言葉を聞きながら、食い入るように絵を見ていた。最後まで、子どもたちは真剣そのものだった。

一番がんばっているのは……

パンツの絵本は、これからパンツになるので関心を持ってもらうために読んだ絵本であった。まだだれもパンツになっておらず、失敗も経験しておらず、絵本は気軽に楽しめる大好きな絵本の1つになった。

しかしトイレの絵本は、ちょうどトイレに行っておしっこを出したいのに出ないことや、おしっこがもれてしまう経験をしている子どもたちにとって、リアルすぎて楽しめるどころではなかった。今の自分たちの気持ちがそのまま表現された絵本をのめり込むようにして見ていた。

本当に葛藤していたのは子どもたちだったんだと改めて気づかされた。イヤイヤ期でもわがままでもなく、どうしていいのかわからなかったから、トイレの中で遊んでみたり、立ち歩いてみたりしていたんだね。

第1章 とまどいと喜びと

コラム
排泄にまつわるおすすめ絵本

　絵本は、排泄の自立の道のりを楽しいものへと変えていく心強い助っ人。ちょっとホッとするもの、その時々の子どもの排泄の段階や気持ちに合ったものを探すようにしているが、予想外の反応があることも。実際に読んでみて子どもが気に入ったもの、保護者が気に入ったもの、楽しく一緒に見られるものがいい。ここではパンツへの移行前後の2歳児クラスの子どもたちが好きになった絵本を紹介する。　　　（水野）

『おしっこ おしっこ どこでする？』
レスリー・パトリセリ／絵・文
大浜千尋／訳、パイ インターナショナル、2016年

『ぷくちゃんの すてきなぱんつ』
ひろかわさえこ／作
アリス館、2001年

❶ 絵本の「おしっこおむつにしちゃっていいのかな？」の問いかけに、首を縦に振ってうなずいた子が1人2人、ほとんどの子が真剣に首を横に振った。とくにパンツになっていた子は、思いっきり首を振っていた。「にゃんこ（わんこ）はどこでするの？」では、真剣に見ていた。猫や犬も決まったところでおしっこをすることがわかり「そっか」と思っていると、絵本が「そっか」と言ってくれる。最後にトイレでおしっこができて「やったー！」と文を読むと、子どもたちも一緒に「やったー！」と声をあげた。子どもの心の動きと息がぴったりだった。

❷ 「やわらかくて　さらさらかるくてとても　いいきもち」のパンツ。何回もらしても、お母さんは「だいじょうぶ」と言って「おかわりパンツ」を出してくれる。1番前で真剣な顔で見ていたのはこの日パンツになったばかりの子。そのうしろでちょっと斜に構えてジーッと見ていたのは、何回ももらしてパンツが嫌

になりかけていた子。でもこの２人、絵本を見たあと、自分からトイレに行っていた。もれたっておかわりパンツがあるから大丈夫、と子どもの気持ちを和らげてくれた絵本だった。

『おむつのなか、
みせてみせて！』
ヒド・ファン・ヘネヒテン／作
松永りえ／訳、パイ インターナショナル、2018年

❸ いろいろな動物たちのオムツの中をのぞいてみる仕かけ絵本。子どもたちに「みんなのうんちは、どんなうんち？」と聞くと、「べっとりうんち」とリアルな答え。たしかにオムツの中のうんちはつぶれちゃってるもんね。ただ１人、オムツに出てなくてトイレでしているネズミくんを見て「すごいね」とつぶやいたのは、パンツにはなったけれど、もらしてしまう経験をしている最中の子。トイレでうんちができるのは本当にすごいことなんだという実感がこもっていた。

『ひとりでうんちできるかな』
きむらゆういち／作
偕成社、1989年

❹ いろいろなうんちがあること、出ない時もあることを教えてくれる仕かけ絵本。子どもたちは、かいじゅうくんのでっかいうんちが出てくる迫力あるページではなく、"お尻をふいてお水をジャ〜、手を洗えばすっきりさっぱり、パンツもはけたよ"のところに夢中になった。このころ、手を洗わずに遊びに飛び出していってしまう子が多く「手を洗ってね」と声をかけ続けていた。トイレで出すことだけでも大仕事だが、今の子どもたちとしては、トイレに行ってパンツやズボンをはくまでの一連の動作をすると、１つやり遂げた感覚になるのだなと再確認。

第2章

続々起こる
ハプニング

　毎日、何回も行う排泄。大人はなるべく失敗を減らし、スムーズに自立させようと奮闘してしまいがちである。でも、そんな大人の思惑をよそに起こる"とんでもない"ハプニングの連続。保育士だってため息や叫び声を出してしまうこともあるけれど、子どもには子どもなりの事情や思いがある。ハプニングも大切なプロセス。一緒にこえていきたい。

1
プールはもよおす!?

(1) いざ、入ろうとしたら……

かな（女児、1歳9ヶ月）・なおこ（女児、1歳0ヶ月）

今日は、暑かったのでどのクラスもプールに入る準備をしていた。パンダ組（1歳中月齢児クラス）とライオン組（1歳高月齢児クラス）がもうプールに入りはじめた。

　　A保育士：あ〜、おしっこ出てる〜

と言う声が聞こえてきた。私はそんな事件が起こっている場所に入っていって、"お取り込み中すいませんね"と小さくなって、ホースを取ろうと手を伸ばしたら、

　　B保育士：え〜、うんち出ちゃったの!?

と言う別の保育士の声。

　　かな：うんち
　　B保育士：（水着の上からのぞきこんで）まだ、出てない！　トイレ行ってらっしゃい！

と言いながら、かなちゃんの水着を脱がしてトイレに連れていく。トイレでは、便器に座ってC保育士と一緒に、

第 2 章　続々起こるハプニング

　C保育士：う～ん、う～んしてごらん
　かな：う～ん、う～ん

と言われたままに言っているけど、出る気配がない。そんな光景をあ
とにしてうさぎ組（1歳低月齢児クラス）の前を通ったら、

　D保育士：あ、出ちゃった！
　E保育士：え、2人目だよ。この短い間に……どうして～

　1歳児の3クラスを通り過ぎただけでこの騒ぎである。"ああ、
プールに入るまでが大変。ギリギリまでオムツつけているのに、はず
すと出てしまうんだから……"と、他人事のように心の中でつぶや
きながら自分のクラス（0歳児クラス）に戻ると、

　F保育士：あ～！　なおこちゃん、うんち出てる～！

　タライとタライの間に座って、タライの水に手を入れながらのんび
りしているように見えるけど、水着の隙間からうんちがのぞいている。

　私：あー、ちょっと待って、始末できるように準備してくるから！

と、ひとまずタオル、おしりふき、ビニール袋、シャワーなどを準備
しながら、自分も心の準備をして迎えにいった。
　"他のクラスは大変だなあ"と思っていたら、自分のクラスのほう
がもっと大変だった～！

37

(2) 立てないけど立ちション!?

けんたろう（男児、1歳3ヶ月）

　プールに入った。シャワーを浴びて、子どもたちはみんな上機嫌で保育室に戻ってくる。けんたろうくんもシャワーを浴び、保育室に入ってきた。足ふきマットの上に下ろされ、まだ立てないので、入口にある赤い布がついている柵につかまらせてタオルで体をふいていた。すると、その赤い布にシャ〜……。

　慎重派のけんたろうくんは、もうすぐ立てそうで立てないのに、なぜか"立ちション"できてしまった。1歳児クラス1番のりの"立ちション"記念日!?

心も体も解き放たれて
　プールはなぜかうんち・おしっこのハプニングが多い。ただでさえ、

第2章 続々起こるハプニング

次から次へとトイレに連れていったり、水着を着せたり脱がせたり、シャワーを浴びさせたりと保育士は大忙し。そんな時のハプニングは、慣れている保育士でも「あ〜、どうして」と声を出したくなる。プールに入るという特別感や水の心地よさが尿意や便意をもたらすのだろうか。プールから出たら出たで、裸になると解放感があるのか、おしっこが出てしまう子も多い。それだけ子どもたちがプールの楽しさ・心地よさを満喫しているということなら、喜ばしいことではあるけれど……。

2
出ると思わなかったのに……

ゆうか（女児、2歳2ヶ月）・けんじ（男児、2歳1ヶ月）

ゆうかちゃんが午睡明け、おしっこがオムツに出ていなかったのでトイレに連れていき便器に座らせた。けんじくんも出ていなかったので便器に座らせた。私はトイレから出て他の子の様子を見ていると、けんじくんが便器から立ち上がってトイレの外にいる私を見ている。

　私：けんじくん、ちょっと座っていてね

と言いながら、先に便器に座っていたゆうかちゃんに出てくるよう声をかけた。ゆうかちゃんは言われるがままに立って歩いてきたが、入リ口のところで棒立ちになった。まだ眠いのかなと思い、それならけんじくんを先にして、あとからゆっくり関わろうと思い直した。それで、トイレに入っていったところ……"あ、出てる〜！　でも、全部便器の外に〜！"。けんじくんだ。斜めにかなり遠くに飛んでいる。立った時に出たから、よけい遠くまで飛んだようだ。そして立ったまま私を見ていたのは、出ると思わなかったのに出たからびっくりして、私に助けてほしかったからかもしれない。

39

振り向くとゆうかちゃんもおしっこくさい。"あれ？"と思って、ゆうかちゃんの手を見るとビッチョリぬれている。おしっこが出たのでびっくりして押さえたようだ。
　出したい時に出せないのに、出したくない時に出てしまうのが、このころのおしっこなんだよね。

ただ今、試行錯誤中
　ゆうかちゃんにしても、けんじくんにしても、それぞれに大人がつきっきりで関わっていれば、こういうことは起こらなかったかもしれない。でも、そうはいかないのが保育の現場。1人で同時に何人も見なければいけないから、"この子は大丈夫そうだから先にあの子を"と思っているうちに、あっちでもこっちでも……ということは、どんなに経験を重ねても起きてしまう。でも、予想外の展開に1番びっくりしているのは当の子ども。全身でとまどいを表現している。「だから、もう少し座っていなさいって言ったでしょう」などと言わずに、子どもの試行錯誤を気長に見守ってあげたい。そして、ハプニングを未然に防ぐより、ハプニングのあと、子どもの気持ちをしっかり受け止めることが大事だと思う。

第2章　続々起こるハプニング

3
大きいほうの話

（1）こんもり

はやと（男児、2歳3ヶ月）

　パンツを脱がせてからトイレに誘い入れていたところ、パンツを脱いだはやとくん、解放感からなのか、間に合わなかったのか……振り向くと、はやとくんのうしろにこんもりといい盛りのうんちが落ちていた。

　担任は大騒ぎ。「あ〜！」と叫んで立ちつくしていた。仕方なく、私が踏まないように気をつけながら、トイレットペーパーでつかんでトイレに流す。

　担任：先生、よく平気でできますね。さすがです。あんな大きい
　　　のびっくりしてどうしようかと思っちゃった

　そんな騒ぎを見て、はやとくんが泣き出した。

　私：大丈夫。おしりきれいにしようね。おしり見せて〜

と言っても、泣いて立ちつくして四つんばいになってくれない。きれいにしないといつまでもこのままなんだけどなあ〜。

41

（2）ボトッ

ゆうみ（女児、2歳2ヶ月）

　お散歩から帰ってくるとパンツの中にうんちをしていたゆうみちゃん、「まだパンツ脱がないでね」と言われたけど、外から帰ったらトイレに行くいつもの習慣で脱いでしまった。パンツを脱ぐとうんちがボトッと床に落ちた。こんもりしたいいうんちだった。次の瞬間、それを踏みつけるゆうみちゃん。

　私：あ〜！　動かないで〜

　私は、ゆうみちゃんの足の裏をゴシゴシふきまくった。

　ゆうみ：痛い〜！

　痛いと言われてもね〜。

（3）点々々……

そうすけ（男児、1歳9ヶ月）

　その日もいつものようにトイレの前でズボンとパンツ（紙オムツ）を自分でがんばって脱いで、そうすけくんはトイレに入っていった。他の子のパンツを脱ぐのを補助してから中にいるそうすけくんを見にいこうと顔を上げた途端、中からそうすけくんが出てきて、私の前で大泣きしている。

第2章　続々起こるハプニング

　私：そうすけくんどうしたの？

と言いながら、そうすけくんの足元を見ると、なんとうんちがついているではないか！　トイレを見ると、便器のすぐ横から出口まで、そして今そうすけくんが立っているところまで、点々とうんちがついている。私の腕を両手でつかみ上を向いて大泣きするそうすけくん。まだおしりからうんちが出てる〜！

　私：座ってて〜！　先生今行くから！

と言っても、なお泣きまくるそうすけくん。でも、私も他の子がパンツをはくのを手伝っていて動けない。1人の子がまさに私につかまって、片足を上げてパンツに足を通そうとしていたからだ。もはや"どうぞ"という気持ちになり、

　私：そこでうんち全部出していいよ

と言う。パンツをはこうとしていた子たちが無事はき終わってからそうすけくんをトイレに戻し、他の子が入れないようにドアを閉めてからよく見ると、便器の横は、かなりうんちが落ちていた。

　私：ウワァ〜！

　うんちだらけのトイレで思わず叫んでいた。そうすけくんはまだ大泣き。おしりをふく手を止めると泣き止むが、再びおしりをふくと泣き出す。でも、それだけ大泣きしていながら、ふき終わるとケロッとして何もなかったようにトイレから出ていった。

43

大事件も次につながる大切な1歩

　こんな時は動かずそのままにしておいてくれたほうがあと始末は簡単なのだが、動いてしまうこと自体、"うんちが出た！　困った！　なんとかしなくちゃ！"という感覚が出てきた証拠でもある。こうなったら、子どもは何を言ってもパニック状態なので、ドンと構えて"どうぞ、そこでしてください"ぐらいにならないと、事は終わらない。

　こんな大事件も子どもたちが自立した時には、いい思い出になる。そんな日が来ることを楽しみにしながら、うんちまみれのトイレをひたすら掃除していた。そうすけくん本人は、ケロッとしておもちゃで遊んでいた。これも大切なことではある。ケロッとしていたほうが、嫌なイメージが残らなくてすむのだから。

　このそうすけくんには後日談がある。1ヶ月後、トイレでうんちをしているかずちゃんを見て、何も出なくていったんトイレから出ていこうとしていたそうすけくんは、便器に戻ってもう一度うんちをしようとした（その時は出なかったが）。そうすけくんががんばっている姿に、抱きしめたくなる気持ちを押さえながら見守っていた。あの大事件は、大切な1つの段階だったのである。それがあって今がある。だから、1つ1つの出来事を大切にしていきたい。

第2章　続々起こるハプニング

コラム
時には一緒にびっくりし合う

人間味あふれる関わりがあってもいい

　パンツへの移行中は"失敗するのは当たり前"と思って、心を大きくして子どもたちと接しようと思っている。でも、うんちが床に落ちていたり、おしっこでぬれているところに歩いていこうとしている子どもを見たりすると、そんな基本的な心がけなどすっ飛ぶ時がある。長年保育士をしていて、こんなことには慣れているはずなのに、動揺は隠せない。

　おしっこやうんちが出てとまどっている子どもにはやさしく「大丈夫よ」と声をかけたいところだが、保育士も人間である。あまりに不意打ちだと、驚きを隠す間もなく態度に出てしまう。私はそれも人間味があっていいと思う。こんなことを言ったら子どもを傷つけるとか、ここでびっくりしてしまったら子どもがかわいそうだからと、よい接し方をしようとしすぎても苦しくなるものである。うんちが落ちていればびっくりするのは当たり前のことなんだから。

"びっくり"を分かち合う

　自然な姿でお互いにびっくりし合い、パニックになるのもいい。ただし、落ち着いたら、「びっくりしたね、うんち出てきちゃったんだもんね」とびっくりした思いを子どもと共有していくようにしたい。それをしないと、子どもの心に驚きと不安を残したままにしてしまうからである。

　びっくりに寄り添い、ともに分かち合うことで驚きを和らげよう。そして、子どもも床もきれいになったら、そうすけくんのように、大人もケロッと切り替えていきたい。

(水野)

45

4
トイレットペーパーの海

じょう（男児、1歳11ヶ月）・はるゆき（男児、1歳10ヶ月）

じょうくん、オムツ替えをしようとトイレの前でオムツを脱いだところで、隣にいたはるゆきくんがオムツを脱ぐとトイレの中に入っていった。それを見て、じょうくんも一緒に入っていく。じょうくんは、まだトイレに入ったことがなかったため、はるゆきくんの隣の便器に座ってニッコニッコである。トイレットペーパーがホルダーにあるのを見つけ、さらにニッコニッコ。私ははるゆきくんを連れてトイレから出てパンツをはかせていた。じょうくんは、その間にトイレットペーパーをスルスル、スルスル……

　私：あー！

トイレはたちまち、ペーパーの海に……。あわててじょうくんの手を止めたが、すでにかなりの量のペーパーがトイレを埋めつくしていた。"あー！　これどうするの〜！"と立ちつくしている私の横を、ス〜ッと何もなかったかのようにじょうくんは出ていった。

保育士と子どもの温度差

トイレの中がペーパーでいっぱいになるのは日常茶飯事である。この時はペーパーの残量が少なかったからよかったものの、新しくつけたばかりだったらと思うとゾッとする。それでもこの時のじょうくんは、下半身が見えなくなるほどだったのだから大変なものではあった。

保育士にしてみたら「また、やった！」という感じである。しかし子どもにしてみたら、ペーパーを切りたかったので引っぱったけど切れな

かったからこうなっちゃっただけだったり、ドンドン出てくるから楽しいというよりも不思議そうに引っぱっていたりする子もいる。保育士が思っているよりたいした出来事ではない。

　トイレに行きはじめたばかりのころは、ペーパーホルダーにペーパーをつけずに必要な子には切って手渡していた。少し慣れてきたころ、ペーパーの使い方を教えはじめる。ペーパーに手を添えて押さえてから引っぱる要領を伝えていくのだが、できるようになるまでには時間がかかる。そんな子どもたちが何人もいるのだからペーパーの海を作るのもよくあることなのである。これもペーパーの切り方を覚えるまでのプロセス。いや、"じょうくん、あなたは男の子だからおしっこの時はペーパーはいらない"ということも覚えてほしいんだけどね……。

ハプニングを受け止める園内のチームワーク

　うんち、おしっこ、嘔吐などは、待ったなし。保育者の心づもりなどにおかまいなしでやってくる。
　頭では子どもを責めても仕方ないとわかっていても、何回経験していても、やはり「えっ、もう！」「また出ちゃったの！」「ここで、しちゃったの！」という気持ちになってしまう。とくに、他にすべきことが多い時には。

「頼む！」の目配せで救われるのは……
　そこで力を発揮するのが、保育者同士の即興的協力関係。「頼む！」の一言、目配せで、わずかな時間でも、ほかの保育者が一緒に立ち会って、手を貸してくれたら、渦中の保育者が助かるだけでなく、子どもの安心感・居場所感の要にもなる。
　それから、これはエピソードの記録にはわざわざ書かれていないことだが、水野さんがしんちゃんや、みなちゃん、じょうくんを受け止め、ゆったり関われるのは、ベテラン保育者としての水野さん本人の力量と同時に、水野さんがその子のそばにいられるように、他の保育者が他の子の保育を担当してくれているからである。これも地味だが大切な連携プレイである。

〈子どもの姿〉の共有からはじめる
　だからこそ、常日ごろから〈子どもの排泄の自立にどう向き合うのか〉の価値観の共有や、〈こんなプロセスで子どもが自立して排泄できるようになるといいよね〉の姿を共有したい。
　会議の場ではなく、立ち話でもいい。〈考察〉や〈反省〉はなく

てもいい。まずは〈子どもの育つ姿〉ベースでの排泄エピソードの共有が、保育者同士のチームワークづくりにつながる。本書に出てくるようなエピソードを、そのありのままの形で、隙間時間に保育者同士で共有するだけで、空気がかわってくる。その場では何も言葉を発していない若手保育者も、先輩の話を聞いて、こうやってもいいんだと、心の中でつぶやいているはず。気づけば自分からエピソードを語るようになるだろう。

　排泄の自立は、特定時期にしか味わえない子どもの育ちの姿をとらえることになる。しかも写真を多用したドキュメンテーションやポートフォリオといった発想にはなじまない、ひそやかな語り。そこに、水野さんのように「ほっこり」エピソードの数々を保育者間で、保護者とともに共有したい。園のチームワークは、立派な研修よりひそやかな語りの中でこそ絆をあたためられるのではないだろうか。

ハプニング・失敗の奥深さ

　ところで、排泄のエピソードは、「1人でできるようになった」「1人ではけるようになった」といった成功経験の時には語られても、失敗（とくに保育者の）はあえて語られないということはないだろうか。でも、水野さんのエピソードを読んでいると、うまくできなかったまわり道の時間こそが、子どもも大人もともに育つためにかけがえのない、いとおしい時間であり、「おかわりパンツあるよ」と言って失敗を受け止められるからこそ、子ども自身の喜びや誇り、自信を培い自立に向かう道のりが生まれることがわかる。

　そして、ハプニングこそ、専門家としての判断が問われる時。あとで少し心を落ち着けてふり返り、"私はこんな思いや考えでしたんだよ"と同僚に打ち明けたり、"あの子もこんなつもりだったんじゃないかな"と話し合えれば、子どものことも、保育者同士の

49

保育観も見えてくる。

排泄への関わりは保育そのもの

　排泄ができるようになる道筋を、「このようにすればうまくいく」という手立ての問題としてみている時には、大人側にとって、手をかけずにうまくいく方法へと向かいがち。でもハプニングエピソードを共有することで、排泄を通した健康や衛生へのケアだけではなく、この時期の子どもの心の育ちへの関わりポイントが見えてくるだろう。

　子どもの排泄感覚を大切に育てるには、敏感な時期を見逃さず、1人1人の育ちに応じた、養護と教育の一体的展開が求められる。それは、保育そのものである。「たかがトイレ」ではなく、「保育を外れてトイレに行く」ではなく、まさに人が人たる自立を遂げる保育の場としてトイレがある。

環境としての保育をトイレで実践する

　だからこそトイレの場所は決まっていても、その場が子どもにとってどのような場になっているのか、トイレを環境としてみてみたい。「環境を通しての保育」をトイレで実践すればいろいろな工夫も生まれてこよう。

　トイレに行くのを嫌がる子の好きな物の写真が貼ってあったり、紙の使い方がわかるように書かれていたり、トイレを待ったり、パンツを脱ぎ着する場所の工夫もいろいろある。ある園ではお気に入り絵本の絵が子ども目線に飾られていた。「こんな工夫をしたら、○○ちゃん、こうだったよ」と互いに語ってみたい。　　　　　（秋田）

第3章

わかってからが長い道のり

　尿意や便意が自分でわかるようになってきたころ、出てるのに「出てないよ」と言ってみたり、パンツは自分で上げられるようになったのに「やって」と言ってきたりすることがある。これは"後退"ではなく、保育士と子どもとの関係性の深さから起こること。この先生なら甘えられる、待ってもらえるという信頼関係が安心して排泄できる土台になり、本当の自立につながっていく。

1
出てないよ！

ゆう（男児、2歳4ヶ月）

　ゆうくんが、へっぴり腰でおしりを突き出して、柵につかまって止まっている。におう！　どう見ても"してる"という体勢である。

　　私：うんち出た？
　　ゆう：（手を横に振って）出てないよ！　出てないよ！

　と言うと、さらに奥のほうに行って、窓につかまり踏ん張っている。さらに力が入っている。

　　私：トイレに行こう。きれいにしに行こう
　　ゆう：出てないよ！　出てないよ！

と言って逃げていく。つかまえてパンツの中を見ると、こんもり！見られたら観念したのか、おとなしく私に連れられてトイレに行く……

今は感覚を覚える時
　ゆうくんは、早くから排尿の自立はできており、トイレでおしっこはできる。日中はパンツをぬらすこともなくなっていた。それだけしっかりとおしっこの自立ができているので、便意をもよおしてきたこともわかってはいる。それなのに出ていても「出てないよ」と言うぐらいなので、出る前にトイレに誘っても逃げ回るだけである。そのうちトイレで出せるようになっていくのだから、出す感覚を今はしっかり身につけて

もらうことにする。

うんちが出ているのが見つかると、あれだけ「出てないよ」と言っていたのに素直にトイレに行くところがまたかわいいところではある。出す感覚がわかっているだけに、うんちがおしりにくっついている気持ち悪さもしっかり感じているのであろう。だから素直にトイレに行くのだと思う。いろいろな感覚を覚えていくことも大切である。

2
最後までさせて

じん（男児、2歳0ヶ月）

"におう！　だれかしてる！"と思って見渡すと、四つんばいになって力を込めているじんくん。

私：じんくん、出た？
じん：（四つんばいで無表情のまま）してないよ
私：もう、ばればれなのに〜。出た？
じん：（ウンチングスタイルで力を込めはじめて）してないよ

と言うと、今度は立って足を広げて力を入れている。

私：もう、出たでしょう。もっと出るのかな？
じん：……
私：出た。もういい？
じん：もういい

昨日は出ていなくて、便秘気味だったもよう。たっぷりと出た。

53

待ってもらえる安心感

　「してないよ」と言いながら典型的なウンチングポーズをとり続けているじんくんを見ていると笑ってしまいそうになる。"隠さなくてもいいのに"と言いたくなるが、そうではないようである。"今はさわらないでほしい""気持ちよく最後までさせてほしい"という思いが「してないよ」の言葉になったようである。その気持ちをくんで待ってあげることも大切。本当に気持ちよく思いっきり出せてよかったね！

3
出たよ

こうた（男児、1歳3ヶ月）

　私のところに来て、オムツの前のほうを握る。うんちが出ているもよう。こうたくんは、それを知らせにきたようだ。

　　私：うんち出たの？　きれいにしにいこうか

と言って、2人で部屋から出て、私はおしりふきとオムツを取りにいった。こうたくんは、うんちを取り替える場所に向かって歩いていく。

　　私：こうたくん、出たのも取り替える場所もわかっているの。す
　　　　ごいね

「出た」と言える関係

　こうたくんは、まだトイレに行きはじめて間がない。それでもトイレでおしっこできたり、オムツにうんちが出たことがわかると教えにきてくれる。気持ち悪さがわかるということは、すごいことである。そこを認めて、ほめることで習慣づけていきたい。

第 3 章　わかってからが長い道のり

　子どももなかなか繊細で、うんちが出たことを伝えるのは、だれでも
いいというわけではない。1 人 1 人の子どもとの関係性を深いものにし
ていかないと、安心して目の前で排泄したり、困った時に訴えにきたり
しない。排泄時の関わりだけではなく、普段からの子どもとの関わりを
大切にしていくことが、排泄の自立にも関係していく。

4
できな〜い！

こうすけ（男児、2 歳 3 ヶ月）

　こうすけくんは、トイレに行って出てきてからパンツをはこうとし
ない。パンツに足を通して立ったままで、上げる気配がない。

　　私：よいしょってパンツ上げて!?
　　こうすけ：できな〜い！

と言いながら泣き叫ぶ。でも見ると涙は出ていない。そこで軽く、

　　私：自分でパンツ上げられるんじゃない？

と言って、様子を見てみる。

　　こうすけ：ちんちん出てる〜

とさらに訴えるが、さっきよりトーンが下がっている。こちらも落ち
着いた声で、

　　私：パンツ上げたらかくれるよ

55

と言うと、こうすけくん、少し冷静になってパンツを上げはじめる。本人にはわからないように、パンツのうしろ側をちょっと持って、いっしょに上げる。一転、"できたよ"の満面の笑み！

　　私：わあ、できたね〜。ちんちん見えなくなったね〜

"できた！"を自信に
「できな〜い」とか「やって〜」という訴えは、"関わってほしい"というサイン。"できるんだからやりなさい"と強くせまったり、ただやってあげたりするだけでは関わりが深まらない。こうすけくんとは、普段から「やって」「自分でやったら」と軽く言える関係性があった。パンツもあと少しでできそうだったので、なんとか自信につなげられたらと思って関わったら、子どもも保育士もうれしい"自分でできた"記念日に。

第3章 わかってからが長い道のり

コラム

子どもはサインを出している

「おむつなし育児」というものがあることを知った。オムツ以外のところでおしっこやうんちをさせる育児のことで、体に排泄物がついたまま放っておかれることがないので乳児は快適である。カギをにぎるのは、子どもと大人との間のコミュニケーションである。

乳児はオムツが汚れて気持ちが悪い時だけではなく、膀胱におしっこがたまって、おしっこがしたくて不快になった時も泣く。そんなサインに大人が気づいてオマルやトイレでさせていると、もっとサインを強く出すようになる。そして乳児は、自分の体に起きている現象をもっと強く意識できるようになる。同時に膀胱も鍛えられていくので、おしっこの間隔が長くなっていく。大人は思いをくみ取ろうと乳児をよく見るようになり、乳児も大人にわかってもらえることがうれしくなって情緒が安定し、不必要に泣かなくなっていく。こうして乳児と濃密なコミュニケーションがとれるようになっていくというのである。ところが、乳児の出すサインを無視し続けると、乳児はまわりの大人にわかってもらおうとすることをあきらめ、次第にサインを送るのをやめてしまうという。

保育園という集団の中では、オムツなしでの保育はむずかしいものがある。だが、完璧にはできなくても、子どものサインをわかってあげてトイレに座らせたり、おしっこの間隔を見計らってトイレに連れていったりすることはできる。子どもの気持ちを察していこうとすることが、子どもと保育士との間にお互いを思う安定した情緒をつくり、それが安心して排泄できることにつながる。そしてやがて排泄の自立につながっていくのである。　　　　　　（水野）

＊西山由紀『やってみよう！おむつなし育児』柏書房、2011年、16-17頁

5
出たんだもん！

なみか（女児、1歳9ヶ月）

　何か漂ってきた。"だれか、うんちしてる！"と思って自分のまわ
りの子のおしりをさわり出すと、のりこちゃんが「うんち出た」と
言ってきた。オムツの中をのぞくと本当に出てる。

　　私：のりこちゃん、おしりふきとオムツ持ってきて。おしりきれ
　　　いにしにいこう

と言うと、のりこちゃんの横にいたなみかちゃんが、

　　なみか：うんち出た

と言い出した。におわないし、おしりをさわってみてもその気配はな
いので、

　　私：なみかちゃん、うんち出てないから大丈夫だよ

と言うと、泣いて叫び出した。

　　なみか：うんち〜！

　トイレに行きたいらしい。でもオムツ替えの台は幼児用トイレの中
の奥にあり、いったん部屋から出ていかなければいけない。本当に出
ていればもちろん連れていくけれど、他の子どもからも目が離せない

第3章　わかってからが長い道のり

時に、そうそう気軽に部屋を出られないという保育士の事情も。ここは少し様子を見てみようと間をとっていると、私が簡単に動きそうにないと見たなみかちゃんは、今度は床に寝そべって両足バタバタやって泣き叫んでいる。

　　私：じゃあ、おしり見せて！

と言うと、急に止まって立ち上がりうしろを向く。私はそっとオムツを引っぱって中をのぞくが、やっぱり出ていない。

　　私：なみかちゃん、出てないよ

と言った途端、また大泣きして私にのしかかってくる。

　　私：なみかちゃん、お水飲みにいこうか

と言うと、急に落ち着いて、椅子に座って水を飲んでクールダウン。私は、"なんだったの!?"と言いたかったが、私と1対1になって特別なコミュニケーションがとりたかったのかもしれない。

うんちコミュニケーション

　最近なみかちゃんのようにうんちが出ていなくても「うんち出た」と言ってきて、私が何も言わないうちに、自分でオムツとおしりふきを準備してくる子が多い。「出ていないから、オムツとおしりふき、お片づけしてきてね」と言っても、片づけるどころかトイレに向かおうとする。

　「うんち」と言うたびに、すれちがう保育士みんなに笑顔で「よかったね」「いってらっしゃい」などと一言ずつ声をかけてもらえるのだから、こんなうれしいことはない。うんちコミュニケーションである。大の字になって両足バタバタさせて泣き叫んだなみかちゃんとのやりとりもうんちコミュニケーションである。こうして大人との関わりを深くしながら、排泄の自立が進んでいく。

揺れや甘えも大切なプロセス

一度「できて」も、いつも「できる」わけじゃない
　子どもの育ちをみる時、私たちは子どもが一度「できる」と「もう大丈夫」「1人でできる」と思いがち。甘えさせてはいけないと思ったりもする。でもその大人の思いは、子どもの育ちの実際とは少しずれている。
　こうすけくんやなみかちゃんの姿が、そのことを物語っている。排泄や着脱はこの時期の子どもにとっては「大仕事」であり、自分だけではいかんともできないこと。「やってごらん」「できるよ」という保育者の期待を感じてつきあってはみるものの、そう簡単にできるわけではない。できそうでできないもどかしさ。できたらできたで、甘えさせてもらえなくなるのは、子どもにとっては不安だしつらいこと。できることが嫌になってしまうことだってある。だから声を上げたくなるし、SOSを出したくなる。この育ちの揺れや揺らぎこそ、日常の保育の中で見える子どもたちの姿だろう。

一見「戻った」ように見える時、どう受け止めるか
　「子どもの育ち」をどこか直線的に伸びていくこととして大人は期待するし、発達の研究者たちも、日々の揺らぎは見ずに、もっと幅広に見るから直線的に物語ることが多い。でも、実際の園の暮らしの中では、その子どもの体調や状況、関係性など、さまざまなことに左右されて、できたりできなかったりすることを保育者は知っている。
　こうした「行きつ戻りつ」の中で、「先に進むこと」をほめたり認めること以上に、一見「戻った」ように見える時に、保育者や保護者がどのようにそれを受け止められるかが、育ちの根をしっかり

張っていくために大事なことだということが、これらのエピソードからよくわかる。

「できなーい」という行動の事実ではなく、その内奥にある、子ども自身でも説明がつかない気持ちをまるごと受け止めてもらえること、それこそが次にやってみようかなという子どもの意欲への大きなあと押しになる。

大人にも弱音を吐ける安心感が必要

といっても、正直それはむずかしいことでもある。「一歩進んで一歩戻る」という規則性があるわけではない。一度できたはずなのに、その後ずっとうしろ向きになったり、その時間のほうが長かったり。その子1人だけにそんなにかまってあげられないという気持ちも保育者には自然に生まれてくる。でも焦らない気持ち、安定した雰囲気をチームワークで支え合うことで、行きつ戻りつを支える大きな網の目のネットワークができる。

たっぷり子どもが甘えることを受け入れられる園の体制づくり、保育者も前向きだけではなく弱音を吐ける同僚性、そうした見えない支え合いが、子どもの主体性や排泄の自立を支えている。

家庭でしんどい思いをしている子どもも増えている。その中で園では自分を出し、そしてそこで排泄の自立を学んでいける。食べることと排泄は、命を支えるサイクルとなる生命現象。そんな思いで受け止めたい。

（秋田）

第4章

トイレは
もう一つの保育室

　トイレでは日々、大人の思い込みをひっくり返してくれるようなおもしろいエピソードが生まれている。保育士には、まず排泄の自立に向けた丁寧な関わりが求められるけれど、当の子どもたちは、「排泄」のことだけを考えてトイレにやってきているわけではないようで……。頭をやわらかくして、子どもたちのつぶやきや不思議な行動に心を傾けていきたい。

1
シーシー

ちか（女児、1歳9ヶ月）

　0歳児クラスのオマルを買ってもらって子どもたちにお披露目してから1番にお気に入りになったのが、ちかちゃんであった。自分でやりたいという気持ちも出てきたので、オマルを見るとすぐにズボンとオムツを自分から脱ぎ出す。家でも姉がトイレに行こうとすると、我先にとズボンとオムツを脱いで先にトイレに入ってしまうほど、ただ今オマルとトイレが大好きなのである。

　そんなちかちゃん、今日も大好きなトイレに座りニコニコである。それを見ていて思わず「シーシー」と言うと、ちかちゃん、またニッコリと笑いながら指1本を立てて口元に近づけて「シーシー」、私が「シーシー」と言うたびに、指1本を口元に持っていって「シーシー」

第4章 トイレはもう一つの保育室

と言う。私はおしっこを誘うために「シーシー」と言っているのに、そのたびにちかちゃんは"静かに"の「シーシー」を表現する。

排泄は生活全体とつながっている

　お昼寝からいつも早めに目覚めるちかちゃん、みんなが寝ているのに大きい声で叫ぶことが多い。そのたびに「シーシー、ちかちゃん、みんな寝ているから静かにしてね」とよく言われていた。そんな生活の一部分が、おしっこ「シーシー」に現れたようである。排泄の自立は基本的生活習慣の確立の中でも重要なテーマ。でも、排泄だけが独立しているのではなく、食事、睡眠、遊びなどとからみ合って自立に向かう。だから他の生活とのつながりを見ていくことも大切になってくる。

2
ふいてね

すみえ（女児、2歳0ヶ月）

　トイレに座っていたすみえちゃんが、タイミングが合い、ちょうどおしっこができたようである。

　　私：すみえちゃん、トイレでおしっこ出たね。よかったね。はい、
　　　　ふいてね

と言って、トイレットペーパーをちぎってすみえちゃんに渡し、私はすみえちゃんの隣の便器に座っていた子の様子を見ていた。「出たかなあ？　出ないかなあ？」と聞いていたら、すみえちゃんは渡されたトイレットペーパーで鼻の下をふきふき……私は思わず、

　　私：えー！

65

と言ったら、すみえちゃんは私の声で"あっ！"と思ったのか、今度はおもむろに鼻をふいたペーパーでおしりをふこうとそれを下のほうへ持っていった。

　　私：すみえちゃん、もういいから。ペーパーあげるから、それポイして……

と言って、すみえちゃんのペーパーを持っている手を便器のほうに持っていった。そして新しくトイレットペーパーを渡すと、すみえちゃんはきちんとふこうとしていた。
　最近、すみえちゃんは鼻がよく出ていて１日に何回もふいてもらっていたから、とっさに鼻だと思ったのかな。私のほうがびっくりであったが、鼻をふくというのも確かにあるよね……。

大人の固定概念をくつがえす
　言い方が悪かったのだろうかと、その後反省した私。思い返してみると、すみえちゃんにトイレットペーパーを渡した時、すみえちゃんはペーパーをジーッと見てすぐにふこうとしなかった。あの時、すみえちゃんは私から言われたことの意味を自分なりに考えていたのだ。トイレで「ふいてね」と言えば、当然おしりをふくことだという大人の固定概念をものの見事にくつがえしてくれるすみえちゃんの行動は、すばらしい！

3 スリッパデビュー

　1歳児が排便をした時には、保育室から出て隣にある幼児用トイレの1番奥にあるオムツ台に寝かせてオムツを交換していた。今までは、トイレまでは子どもが自分で歩いてきて、トイレの前からオムツ台までは保育士が抱いて連れていっていた。しかし、そのトイレでお兄さんお姉さんたちがスリッパをはいてトイレに入るのを見て、"スリッパ"に関心を持つようになった子どもたち。それにそろそろ体も大きくなり重くなってきたので、トイレのスリッパをはいて自分でオムツ台のところまで歩いてくるように促していく。そんな時期のことである。

（1）はけたよ

かいち（男児、1歳11ヶ月）

　トイレの前までやってくると、かいちくんがスリッパをさわり出した。関心があるのならと思って、

　　私：かいちくん、スリッパはいてきて……

と言うと、スリッパに足を入れてはこうとしていた。私はその姿に安心をして先にトイレの中に入ってオムツ交換の準備をして振り向くと、かいちくんはなんとスリッパを手に持って裸足でこちらにやってきた。私の前まで来ると、スリッパを床に置き、オムツ台につかまりスリッパをはいた。私は内心"え～、しっかり裸足でトイレの中を歩いてきてしまった。ここではいてもスリッパの意味がない"と思ったが、はき終わって私を見上げる得意そうな顔に思わず笑ってしまった。

(2) 手ごわいスリッパ

ゆうき（男児、1歳10ヶ月）

　ゆうきくんが、トイレの前まで来ると自分からスリッパをはこうと足をスリッパに向けたが、なかなかはけないでいる。スリッパに足を入れようとしているうちにスリッパを押してしまい、反対向きになってしまった。それをはこうとしてスリッパのまわりをグルグルと回り

出した。やっと片方がはけると、もう片方が反対向きになってしまう。真剣そのもので、はこうとすればするほど、スリッパは向きを変える。足を差し込むところがなんと小さいことか、的をしぼっても足が入らない。グルグル回りながら、やっとの思いで両足がスリッパに入った。私も見ていて思わず"よかった"と胸をなで下ろした。

　だが、その後ゆうきくんが動かない。動くとせっかくはいたスリッパが脱げてしまうので、動くに動けないのである。それでも足を引きずるようにしてなんとかオムツ台のところにやってきた。さあ、今度はスリッパを脱がなくてはいけない。ところがスリッパが足にくっついて脱げない。右足を上げても脱げない。左足を上げても脱げない。結局、私に脱がされてオムツ台に寝かされることになった……

(3) ぼくもトイレに

そうや（男児、1歳7ヶ月）

　そうやくんとトイレに来た。スリッパに足を上手に入れてはこうとしていたので、私は先に入って振り向くと、そうやくんは幼児用トイレの個室のドアを開けて中をのぞいていた。

　　私：そうやくん、お部屋のトイレに入ってみようか？　ここのトイレはお兄さんのトイレだからもう少し、大きくなったら入ろうね
　　　　（ここの個室の座る便器は1歳児には高いし、大きい。そうやくんたちにはちゃんと、小さい子用のトイレが自分たちの保育室の中にある）

　そんなことを言いながら、そうやくんの足元を見ると、なんとスリッパを片方しかはいてない！

私：え〜、そうやくん。もう片方のスリッパもはいてね！

と言いながら、"トイレをのぞくより、まずはスリッパをはくことが先でしょう"と思ってしまった。ここのお兄さん用のトイレを使えるようになるのは、もうちょっと先のことだね。

スリッパが成長を促す!?
　トイレにあるスリッパ1つでも、これだけのエピソードを生む。他にもスリッパをはいたままトイレから出ていったり、あらぬところでスリッパを脱いで揃えてくれていたり。「はけないなら、抱っこしていってあげるからはかなくていいよ」と言っても、はきたいようだ。今まで抱っこされていた自分が、自分でスリッパをはいてトイレに入っていくというのは、ちょっとお兄さんお姉さん気分なのだろう。1回でもスリッパをはこうとした子は、次からもはこうとする。抱っこをせがむ子はいない。そんなお兄さんお姉さん意識からはじまるトイレのスリッパは、そのうち"トイレに入る時はスリッパははくもの"という意識になっていく。これだけ手こずっても、すぐに上手にはいて、上手に脱いでトイレの出入りができるようになっていくのだから、子どもたちはすごいなあと思う。

第4章　トイレはもう一つの保育室

トイレで試される
大人の「固定概念」

なぜ水野さんは子どもの排泄の自立を楽しめるのか
　本書に登場するエピソードの数々は、どれも情景が想起され、クスッと笑えるものばかりである。そして大人の予想を越えた子どもの言動を包み込むような水野さんのおおらかさに、読む側の心もあたたかい気持ちになってくる。一般的に考えると、オムツはずしがはじまる時期は、第一次反抗期と重なることから、保育者にとっても大変な時期とされる。それにもかかわらず、なぜ水野さんは、子どもの排泄をこうも楽しむことができるのだろうか。

そうきたか！──トイレの中は「驚き」の連続
　この謎にせまるために、毎日ノートに書きためられた記録の中から、排泄に関する39個のエピソードを抽出して分析したところ、二つの仮説が浮かび上がってきた。一つは、水野さんの中に、大人の固定観念を越えた「驚き」があるからである（水野・中坪 2019a）。
　たとえば、トイレでおしっこが出たすみえちゃんに「よかったね。はい、ふいてね」といってトイレットペーパーを渡す場面（65頁）では、大人はまさか彼女がそれで鼻の下をふくとは予想できない。自分のおちんちんからおしっこが出てきたことに驚き、動けなくなって立ちつくすともたけくんの姿（17頁）も、同様である。第6章では、りおちゃんが立っておしっこするはるまさくんに憧れて、自分も立っておしっこしようとしたり、おしっこしたあとに紙でふくりおちゃんに憧れて、ゆうきくんが紙を欲しがったりする。水野さんにとってそんな子どもの姿は、いずれも大人の固定観念を越えた「驚き」であり、予測不能な出来事がトイレの中で展開される。

71

そういうわけだったのね──トイレの中は「発見」の連続

　もう一つは、水野さんの中に、大人の固定観念を越えた「発見」があるからである（水野・中坪 2019b）。

　たとえば、トイレでスリッパをはくという大人とってはあまりに平凡な日常の行為も、子どもにとっては大きな成長を実感できる大切な機会となっている（67頁）。「スリッパデビュー」など私は考えたこともなかったが、子どもにとっては自分の成長を誇らしく感じることのできる瞬間となる。また、子どもがトイレに座らなかったり、遊んでいたり、逃げまわったりするのは、必ずしもわがままでそうしているわけでも、反抗期で反発しているわけでもないことがある。むしろどうやって排泄したらいいのかわからないのである。子どもの気持ちの中にも、できればトイレで排泄したい、パンツをぬらしたくないとの思いはあるものの、どうしたらよいかわからず、その結果、嫌がったり、逃げまわったりすることがある。水野さんにとってそんな子どもの姿は、いずれも大人の固定観念を越えた「発見」であり、ここでも予測不能な出来事がトイレの中で展開される。

「予測不能な出来事」を子どもの側からとらえ直す

　こうした大人の固定観念を越えた「驚き」や「発見」を通して水野さんは、子どもにとって排泄は、大人が考える以上に大変な行為であること、子どもが逃げまわったり、嫌がったりするのは、むしろ自然であることを学んでいる。だからこそ水野さんは、排泄の自立に到る過程を楽しむことができる。とまどいにも喜びにも共感し、ともに歩む保育者の姿の背後には、こんな秘密が隠されている。　　　　（中坪）

＊水野佳津子・中坪史典 2019a「なぜ保育士としての私は乳児の排泄の自立を楽しむことができるのか？─大人の固定観念を越えた『驚き』」『日本保育学会第72回大会発表論文集』K-87-88頁
＊水野佳津子・中坪史典 2019b「なぜ保育士としての私は乳児の排泄の自立を楽しむことができるのか？─大人の固定観念を越えた『発見』」『日本子ども社会学会第26回大会発表論文集』104-105頁

第5章

トイレも友だちと一緒がうれしい

　保育園という集団の中で1人1人トイレに連れていくのは、大変なことである。でも、集団だからこその強みもある。あの子がトイレに行くなら私も行ってみようかなという気持ち、一緒が楽しい・うれしいという思いを味わっていくことが子どもの挑戦をあと押ししてくれる。排泄の自立だけ独立して取り組むのではなく、日ごろから友だち関係を深めていくこと大切である。

1
オムツ同じ

ようじ（男児、1歳11ヶ月）

　トイレが終わっても、オムツをはくのが大変で、スッポンポンでいることが多いようじくん。いくら「はこうね」と誘っても、

　ようじ：ヤダ！

と言って逃げていく。それが今日は一緒にトイレに行ったアリスちゃんとオムツの柄が同じだったことで、一緒にオムツをはいて、うしろを向いてオムツを見せてくれた。

　私：本当だ！　同じだね

第5章　トイレも友だちと一緒がうれしい

"おんなじ"の威力

　最近のオムツは横もれしないようにガードがしっかりされていて大変便利である。しかし自分ではいたり脱いだりしはじめた子どもにとって、このゴムがいっぱいあって伸び縮みするオムツは、まず足を入れにくい。入ってもすぐに引っかかり、引っぱっても引っぱってもビヨ～ンと伸びてしまって足が引っかかったまま取れない。片足がやっと入ったと思ったら、もう片方も引っかかってビロ～～ンとよく伸びる。そんなことをくり返していると、もうはきたくない。さっさと脱いで、下半身裸で逃亡しはじめる。

　そんな時にオムツの柄が一緒だっただけで、はこうという気になって、ちょっとぐらい引っかかってもがんばれてしまう。柄に感謝しつつ、子どもにとって友だちと一緒にできることの意味の大きさを実感した。

2
はんぶんこ

きょうじ（男児、2歳0ヶ月）・このみ（女児、2歳1ヶ月）

　1歳低月齢児のクラスでは、今まで聞かれなかった言葉が飛びかうようになってきている。今日はそれがトイレから聞こえてきた。私はおやつが終わった子からトイレに促していた。部屋に備えつけのトイレには便器が2つある。オムツを脱いだ子がそこに2人うれしそうに座っていた。その子たちの前に、自分も早く便器に座りたいと思って立って待っているきょうじくんがいた。座っている2人は、タイミングが合えば出るが、今日は出そうもない様子である。それでも座って2人でおしゃべりをしている。時々水がジャーっと流れる音がする。私はというと、トイレの外で排泄をすませて出てきた子どもにオムツをはくように促していた。トイレの入口からチラリチラリと見ながら、耳をそばだてて中の様子をうかがっていた。

75

私：ジャーしたら、こっちおいでね。パンツはこうね

と呼ぶが、出てくる気配はない。水を流すことが楽しくなってトイレ
の水遊び真っ盛りである。そんな楽しそうな姿を目の前で立って見て
いたきょうじくんは、"仲間に入るためには自分も便器に座らな
きゃ"と思ったようで、座っている子に向かって、

　　きょうじ：はんぶんこ、はんぶんこ

と言っている。"え～、トイレをはんぶんこ？　半分ずつ座ろうって
いうこと!?　それはさすがにきついんじゃない？"とトイレの外で子
どもにパンツをはかせながらおかしくなった。

　　私：ジャーしたらパンツはくから、出ておいで～

と言いながら、トイレの外の子にズボンをはかせ終わったので、おも
むろに立ってトイレの中に入っていこうとしたら、きょうじくんは
"はんぶんこ"をしてくれないで座っているこのみちゃんに、

　　きょうじ：じゅんばんこ、じゅんばんこ

と言って、このみちゃんの胸ぐらを両手でわしづかみしているではな
いか。"え～、それは無理やりというもので、じゅんばんこじゃない
でしょう"と私が思っていると、案の定引っぱられたこのみちゃん
が"ワ～"っと泣き出した。私は思わず、きょうじくんの手を止めて、

　　私：じゅんばんこね。きょうじくんも、トイレに座りたかったん
　　　　だよね。でも、引っぱったら痛いよ。泣いているよ。

76

第5章　トイレも友だちと一緒がうれしい

　（次に泣いているこのみちゃんに向かって）痛かったね。きょうじくんもおしっこしたかったんだって、代わってあげてね

と言いながら、泣いているこのみちゃんをなだめてトイレから出してきょうじくんを便器に座らせた。きょうじくんは、念願の便器に座ることができ、満足そうに笑っていた。このみちゃんにオムツをはかせながら考えていた。「はんぶんこ」「じゅんばん」と言って相手に自分の気持ちを伝えようとしたことはすごい成長なんだけれど、言葉の使い方がちょっと違う!?

トイレは遊びの場・学びの場
　排泄の自立を促していくことは保育士側からしたら大変なことの1つである。出るタイミングが合えばいいが、出るか出ないかわからない。それでもトイレに座ってみる経験をさせていく。トイレに座って楽しく水を流したり、おしゃべりしながらやらないと、大人も子どもも嫌になってしまう。そして子どもは、トイレでさまざまなことを学んでいる。

大人は、つい排泄のことだけに意識を集中させてしまうが、子どもたちがトイレで発する言葉に耳を傾けていると、少し前の出来事とつながっていることがわかったり、言語面の成長や新たな友だち関係が垣間見えたりと、いろいろな発見があって楽しい。

3
パンツコレクション

りんか（女児、3歳0ヶ月）・のりか（女児、3歳2ヶ月）・かおる（女児、3歳2ヶ月）

きりん組（2歳児クラス）は、ほとんどの子がパンツで1日過ごせるようになってきている。パンツがはける喜びも大きい。朝トイレに行って登園時のオムツからパンツにはき替える時もたくさんのパンツの中から選ぶのが大変。ロッカーの中のパンツを1枚1枚並べて、

りんか：どれにしようかな？

とパンツを眺めていたりんかちゃん。それを見ていたのりかちゃんが、その横に自分のパンツを並べはじめた。すると、今度は反対側からかおるちゃんが、自分のパンツを並べはじめた。

のりか：どれにする？
かおる：う～ん

と言いながら、ズラリと並んだパンツを3人で眺めている。パンツコレクション！　トイレの前で子どもたちがトイレに来るのを待っていた私はしびれをきらし、

私：もうそろそろ、トイレに来てほしいなあ！

第 5 章　トイレも友だちと一緒がうれしい

　と言っても、3人のパンツは決まらない。3人でパンツ眺めたり並べ替えたりしている。一緒にパンツを並べ、一緒に悩み、そしてやっと一緒にトイレに来た3人だった。

友だち関係の深まりと仲間意識
　毎日はいているパンツ。新しく買ったわけではない見慣れたパンツを1枚ずつ並べ、どれにしようかと、長〜い間眺めている子どもたち。さっさとトイレに行って遊んだほうがいいと思うのだが、これが今の子どもたちの仲間意識である。私も友だちと一緒にトイレに行く、私も一緒にパンツにはき替えるという仲間意識が、1人1人の自立への道のりを支えてくれる。だからこの時期は、遊びや他の生活場面でも、子どもたちの友だち関係を丁寧に見つめ、つながりが深まっていくよう工夫していくことが、トイレの自立を促すうえでも大切である。

子どもの豊かな経験を育む場、
保育者の子ども理解を促す場としてのトイレ

環境を工夫するのは保育室の中だけ？

　最初に、私自身の出来事を述べることをお許しいただきたい。とある保育園の乳児の部屋を訪れた時のこと。0歳児クラスでは、マットをよじ登ろうとする女児に対して保育者が、マットの山を少し高くしたり、滑り台のように滑って下る感覚も味わうことができるようにしたりなど、子どもの興味に寄り添いながら環境を整える姿に目を引かれた。2歳児クラスでは、カエルとバッタが同じような跳び方をすることに興味を抱いた男児に対して、リング（輪っか）を並べてピョンピョン飛びたくなるような環境を構成する保育者の姿に目を引かれた。これらは、いずれも子どもにとって豊かな経験が育まれているし、保育者は子ども理解にもとづいて環境を構成しており、保育室の中で質の高い保育が展開されていると感じるものであった。

　この日は幼児教育アドバイザーも訪問し、午後にはその日の保育をふり返る園内研修が行われた。その中で1歳児クラスのトイレの出来事に注目したアドバイザーが、「排泄の時も子どもは、いろいろなことに興味を示していましたね」と問いかけた。アドバイザーからすると、子どもの興味に寄り添いながら環境づくりを行う保育室での保育者の姿に比して、トイレでの保育者は、どことなく子どもの排泄処理のみに注力しているように見えたのだろう。アドバイザーのコメントは、私にとって水野実践の豊かさを再認識した瞬間であった。

「トイレ＝排泄」にとどまらない

　一般的に考えると、子どもが周囲の環境の何に興味を持っているのかを保育者が察知し、環境づくりを行うのは、主に保育室が中心

であり、逆に言えば、トイレは子どもの排泄処理のための場であり、保育者からするとできるだけ短時間で効率的に援助したいという思いが生じるのかもしれない。しかし、水野実践においてトイレは、決して子どもの排泄処理の場としてのみ機能するわけではない。

はなのちゃんとゆうまくんが便器に座っておしゃべりしながら、そのうち水を流すことが楽しくなり、トイレの水遊びに夢中になったり（91頁）、りんかちゃんがどれにしようかと自分のパンツを並べながら、かおるちゃんとのりかちゃんの3人でパンツコレクションをはじめたりする事例（78頁）からは、子どもが周囲の環境に興味を持つ場は、何も保育室に限らないことがよくわかる。

子どもにとってトイレは、友だちとの会話を楽しんだり、仲間意識が芽生えたりなど、興味・関心を刺激するものであふれており、トイレを排泄処理の場としてのみ位置づけるのは、むしろ大人の側の価値観にほかならない。

トイレで深まる子ども理解

事例の中で水野さんは、はなのちゃんとゆうまくんがおしっこもうんちも一向に出そうにないにもかかわらずおしゃべりに夢中になっていることに気づきつつも、トイレの外からそっと耳を傾けることで、性別の違いにはじめて出会ったはなのちゃんの心の動きをとらえ、子ども理解を再構成している。また、パンツコレクションにしびれをきらし、「もうそろそろ、トイレに来てほしいなあ」と子どもに言葉をかけながらも、彼女らがパンツ選びを通して友だち関係の深まりや仲間意識の芽生えを培っていることを発見し、ここでも子ども理解を深めている。

水野実践においてトイレは、保育室や園庭やテラスなどと同じように、子どもの豊かな経験を育む場であり、保育者の子ども理解を促す場として位置づけられる。

（中坪）

第6章

はじめて
"違い"に出会う

　今まで子どもたちは何をするのも平等であった。しかしトイレでは、排尿のあとに女の子には紙を渡されるが、男の子には渡されない。男の子は立っておしっこをすることも経験していく。はじめて出会う"違い"にとまどう子どもたち。「女の子は〜」「男の子だから〜」と言われても理解することはまだむずかしい。反発も好奇心も自然な反応。気長に見守っていきたい。

1
紙を渡すべきか、渡さぬべきか

（1）紙ちょうだい

りお（女児、2歳6ヶ月）・ゆうき（男児、2歳6ヶ月）

トイレの便器に並んで、りおちゃんとゆうきくんが座っていた。

りお：出た〜！
私：出たの。今、紙あげるから待っていてね

と言って、トイレットペーパーを切って手渡すと、

ゆうき：紙ちょうだい
私：いや〜、ゆうきくんは、いらないんじゃない？
ゆうき：（力強く）紙ちょうだい！

真剣に私を見ている姿に、負けた。私は仕方なく紙を渡す。すると
ゆうきくん、必要以上にゴシゴシとふきまくる。そんな姿を見ていて
思わず、

私：もういいんじゃない？　ジャーしてきて

と言うと、紙を流して出てきた。そうだよね。やっともらった紙だも
んね。ふきたかったよね！

第 6 章　はじめて "違い" に出会う

（2）次の日は……

さきこ（女児、2歳3ヶ月）・ゆうき（男児、2歳6ヶ月）

　トイレの便器にさきこちゃんが座っていた。あとからゆうきくんが入って隣の便器に座った。

　　さきこ：出たよ〜！
　　私：出たの。紙あげるね

と言って、トイレットペーパーを切って渡すと隣から、

　　ゆうき：ゆうきくんも、ちんちんゴシゴシする
　　私：えっ、ゆうきくんはいらないかな〜？
　　ゆうき：ゴシゴシ！
　　私：う〜ん。いらないかな〜……

85

とは言ったが、あきらめないようなら渡そうかなと思っていた。すると ゆうきくん、納得はしていないような顔をしていたものの、立ち上がってトイレから出ていった。

　次の日。トイレに座っていたゆうきくん、トイレの中は 1 人だったのに、

　　ゆうき：紙ちょうだい
　　私：ゆうきくんは、いらないかな〜
　　ゆうき：紙ちょうだい
　　私：う〜ん。いらないかな〜
　　ゆうき：紙！
　　私：いらない……

と言うと、あきらめたのか、トイレから出ていった。

くり返しが必要

　こういう場面はよく起こる。言葉で説明しても納得しない。子どもからしたら、隣の子にあげたのになぜ自分にはくれないのかと不思議に思うのだろう。「ちょうだい」と言われると、躊躇しつつ、つい渡してしまう。でもこうして毎回男の子にも紙を渡していると、紙でふくという習慣がついてしまうのではないか。そう思うと 1 回は拒否したい私がいた。

　（2）もゆうきくんの話。しかし今度は納得しないまでも紙はあきらめてトイレから出ていった。なんとなく "紙はいらないんだ" とわかってきているのかもしれない。内心ホッとした私。次の日も紙を要求してくるゆうきくん。紙はいらないと思いつつも私とのやりとりを楽しんでいるのかもしれない。こんなやりとりをくり返しながら、紙の必要性、不必要性が少しずつわかってくるのだと思う。気長に「いらないかな〜」をくり返していくことが必要なようである。

第6章　はじめて"違い"に出会う

2
私も立ってやりたい！

（1）あそこでやるとお姉さんになれる!?

はるまさ（男児、2歳5ヶ月）・りお（女児、2歳5ヶ月）

　朝、はるまさくんがトイレの便器をまたいで立ったままおしっこを
してしまった。

　　私：はるまさくん、立っておしっこできるんなら、こっちの男の
　　　　子用の便器でもできるよ。今度やってみようね

と言ってみたが、何のことやらわからず、はるまさくんはキョトンと
していた。
　ある日の午睡あけ、オムツはぬれていないし、午睡後だからおしっ
こが出やすい。これは男子用便器に挑戦してみるチャンスと、

　　私：はるまさくん、立っておしっこしてみようか

と言ってズボンを脱ぐのを手伝っていると、隣にいたりおちゃんが、

　　りお：りおちゃんもやる～！
　　私：りおちゃんは、やらなくていいよ。はるまさくん、立って
　　　　やってみよう
　　りお：りおちゃんも、立ってやる
　　私：りおちゃんは、立たなくていいよ。女の子だから座って

87

と言っても、そんな保育士の言葉などりおちゃんの耳には入らず、はるまさくんを立たせているのを横目で見ている。そして1個しかない男子用便器が空くのを待っている。

　　私：りおちゃんは、そっちに座って

と言っても、隣に立っていてなかなか座ろうとしない。はるまさくんが立っているのをジーッと見て、空いたら行こうと身構えている。

　　私：はるまさくん、出ないかな〜。またやってみようね

と便器から離れようとすると、りおちゃんは隣の便器のところまでは行ったものの、そこからジーッとこちらを見ている。

　　私：ここでしようと思っているでしょう。りおちゃんは、女の子
　　　　だから座っておしっこするんだよ

第6章　はじめて "違い" に出会う

なんて言っても、りおちゃんは納得しない。座ろうとしないでこっち
を見ている。

　担任：りおちゃんは女の子で、はるまさくんとゆうくんは男の子
　　　　だからあっちの立ってするほうだけど、りおちゃんは女の子だ
　　　　からこっちの座るほうでするんだよ

と言っても、ジーッと見ている。

　りお：ゆうくん？
　担任：そう、ゆうくんも男の子ね

とは言っても、まだ目は男子用便器を見ている。そしてトイレから出
る時も男子用便器の前で止まり、横目でジ〜……まだ納得がいってい
ない。

(2) 取りっこ

まな（女児、2歳10ヶ月）・さきえ（女児、2歳9ヶ月）

　ゆうへいくんが立っておしっこができるようになって、みんな興味
津々で見ている。ゆうへいくんのおしっこが終わると、次は自分の番
だとばかりに女の子2人で男子用便器の取り合いがはじまった。押し
合いへし合いしてまなちゃんが押されて、さきえちゃんが便器の前に
立った。さきえちゃんの勝ち誇った顔、さあ、便器を抱えてやろうと
した途端、私に止められた。

　私：そこでするのはやめて〜！

89

私にトイレの中から追い出される。あなたたちは、女の子だから立っておしっこなんてしないで〜！

新たな便器へのあこがれ

この2つの事例の子どもたちには、遊びながら無理なくトイレに行けたらという思いから、0歳児クラスのうちからオマルに座らせていた。そのため、1歳児クラスに進級してトイレに行くようになってからは、いつの間にか便器に座るとすぐに出るようになってしまう子もおり、スムーズに排泄の自立に向かっていた。

トイレでおしっこが出るようになると、女の子にはトイレットペーパーを渡すようにしていたが、それを見ても男の子は、欲しがることはなかった。安心していたら、進級間際になって男の子はトイレットペーパーに目覚め、女の子は男子用便器に目覚めてしまった。

男の子のトイレットペーパーぐらいなら仕方ないかと大きな気持ちになれるのだが、女の子の男子用便器に関しては抵抗があり、「いいよ」と言えない私。そんな保育士の思いをよそに、男子用便器に目覚めてしまった女の子は、保育士の目を盗んで"あそこでやってみたい"と男子用便器をねらっている。"保育士に気づかれないように"ということは、ここでは排尿してはいけないということがわかってきている証拠でもあるのだけれど……。

これから男の子が1人2人と立っておしっこができるようになっていくとともに、女の子の男子用便器への目覚めも1人2人と増えていくのだろうか。"お姉さんになりたい！""やってみたい！"という気持ちは大切にしたいとは思うものの、この好奇心を何に向けていったらいいのかと、思案中である。

● その後の子どもたち

トイレットペーパーに目覚めた男の子たちも、男子用便器に目覚めた女の子たちも、3歳児クラスに進級して幼児用のトイレを使うようになると、男の子はトイレットペーパーを流さなくなり、女の

第6章　はじめて"違い"に出会う

子は男子用便器のほうに行かなくなっていた。いつが境目だったかははっきりしない。保育士がくり返し声をかけ続けてきたことが理解へとつながったのか、まわりを見て自分で気づいたのか。進級して1つ大きなお兄さんお姉さんになったという意識が、"トイレで排泄できる"という気持ちを盛り上げ、"先生から「違うよ」なんて言われるようなこと（保育士から注意されるようなこと）はもうしないよ。だって幼児組になったんだもん！"という思いが強まっていった、ということもあるかもしれない。

3
違いに気づいた瞬間とその後

（1）これなあに？

はなの（女児、3歳1ヶ月）・ゆうま（男児、2歳7ヶ月）

　1歳児クラスではトイレに行くことをあまりしてこなかった年度の2歳児クラス。最初にパンツになった2人がトイレに入り、便器に並んで座って楽しそうにおしゃべりしていた。時々、ケラケラという笑い声が響いている。そっとトイレの外から耳を傾けていると、

　はなの：（ゆうまくんの便器の中をのぞいて）うんち!?
　ゆうま：うんちじゃない！
　はなの：さわって
　ゆうま：さわらない！
　はなの：うんちじゃない？
　ゆうま：うんちじゃない！
　はなの：しっぽがある！

91

はじめて男の子と並んで便器に座ったはなのちゃんは、おちんちんの存在を知らず、ゆうまくんがうんちをしていると思ったらしい。はなのちゃんは、不思議そうに自分でさわろうと手を出しかかったが、すぐに手を引っ込めて、「さわって」とゆうまくん自身にそれが何なのかを確かめてもらいたかったようである。
　その後、2人は水をジャージャー流してはケラケラ笑っている。おしっこもうんちも一向に出そうにないのに、トイレから出てくる気配はない。

　　ゆうま：また座ろう！
　　はなの：座ろう

と言っては座り直し、さらに水をジャージャー流しまくる。2人のおもしろい遊びは、まだ終わらない。

（2）先生、女の子？

ほのか（女児、3歳11ヶ月）

　また別の年度の3歳児クラス。昨年まで受け持っていた私を見つけると、一斉に飛びついてきた子どもたち。ひととき体をひっつけまくって満足すると、1人2人と遊びに出かけていく。ほのかちゃんもいったん遊びにいったのに、だれも私のまわりにいないことがわかると戻ってきて、私の背中にくっつき、うしろから顔をのぞかせて、

　　ほのか：水野先生、おちんちんない？
　　私：ないよ
　　ほのか：男の子は、おちんちんある
　　私：水野先生、女の子だからおちんちんないよ
　　ほのか：水野先生、女の子だよね。おちんちんないよね！

とそれだけ言うと、また遊びにいってしまった。進級して、男の子と女の子の違いがわかってきて、私に確認したかったのかな？

わかり方はいろいろ・だんだん

　1・2歳児クラスをくり返し担任していると、同じ年齢でも、トイレに行く経験をいつごろからはじめたかということや、子ども同士の関係、きょうだいがいるかどうかなどで、性差への気づきや好奇心の現れ方はずいぶん違うと実感している。「気づき」はあっても、「女の子」「男の子」と呼びかけるとみんなして「はーい」と手をあげたりして、いまいち「わかっていない」ことも多々ある。それがいつ、どうやってわかるようになるかは、保育士のほうがよほど注意して見ていないと気づけず、「いつの間にか」であることがほとんどである。

コラム

集団だからこそ自然に学べる
"同じ"と"違い"

　排泄の自立には、男の子と女の子の違いがどうしてもつきまとう。家庭では、兄弟姉妹が少ない昨今、1人っ子や1人目の子は、親が排泄の仕方を教えなければならない。男の子の排泄は父親がやって見せることが1番わかりやすいのだが、これにはいろいろな壁があるようである。

　その点、保育園では集団のよさが生きてくる。足を広げて排泄している子のところに行って、座り込んで出ているところをジーッと見ている姿がよく見られる。それを目撃した保育士のほうが恥ずかしくなってきて、「もう見なくていいんじゃない？」と声をかけたくなる。だが見ている子の目は、真剣そのものである。おしっこが出てくる不思議さ、「なんで出てくるんだろう？」「こんなところからおしっこが出てくる！」という純粋な疑問であり発見である。見られているほうはというと、見られている意識はない。自然の学びなのである。

　男の子、女の子という意識もない。そんな説明を聞かせても理解できる年齢でもない。保育園という集団、それも同じような年齢の子どもたちが集まっている場である。こんな特別な場を生かさないなんてもったいない。友だちと一緒に、「一緒じゃない」を学べる。「Aちゃんは紙をもらえたけどぼくはもらえない」だけでなく、「Bくんもcくんももらえなかったんだ」にも出会う。自分と同じ子もいるし違う子もいる、ということが、自然と生活の場の中で学んでいける。集団のよさを生かしていろいろな体験を積み重ねていってほしい。そしてそんな時のとまどいを保育士として見守っていきたい。

（水野）

第7章

パンツは偉大だ

　パンツになっていくことは、子どもにとってとてつもない喜びである。保護者も保育士も喜びをともにする。友だちがパンツになって喜んでいる姿を見ることで"私もパンツになりたい"という思いがふくらみ、自立が進むきっかけにもなる。パンツ1つでお兄さんお姉さんになったという気持ちになり、いろいろな場面で自信につながっていくのだから、パンツ効果は本当にすごい！

1
ジャ〜ン！

ようた（男児、3歳1ヶ月）・かなこ（女児、3歳2ヶ月）

　今日は土曜日で子どもたちの人数が少なかったため、0、1、2歳児とも同じフロアーで保育をしていた。私は0、1歳児クラスの子の給食の様子を見ていた。2歳児クラスの子は、園庭から帰ってきて、ロッカーの向こう側で着替えたりトイレに行ったりしていた。すると、その2歳児クラスのようたくんが、ロッカーの陰から、

　ようた：ジャ〜ン！

と登場、両手でパンツを指さして出てきた。"エッ？"と思ったが、すぐにパンツになったことを知らせたかったんだと気づき、

　私：すご〜い！　お兄さんパンツだ！

第7章 パンツは偉大だ

と驚いて見せると、ニッコリ、仁王立ち！

　　私：すごい。ようたくん！

とほめまくっている間中、仁王立ち。そのうしろからかなこちゃんが、
パンツを片手に飛び出してきた。

　　かなこ：私もパンツ～！

とパンツをチラチラ振っている。"知っている"とは思ったけど、

　　私：すごい！　かなこちゃんもパンツなんだ～！

とほめると、2人ともトイレのほうに消えていった。

パンツになることは一大イベント

　ようたくんは、1歳児クラスの時はいくらトイレに誘っても行こうと
しなかった。ようやく便器に座っても出ないし、どうやったらおしっこ
が出せるのかわからなかった。トイレでおしっこが1回もできないまま、
オムツで2歳児クラスに進級。そんなようたくんと久しぶりに保育室で
一緒になった。パンツ1枚でロッカーの陰から飛び出してきた時、トイ
レに誘っても逃げ回っていた1年前の姿の裏に、出したいけど出せない
でいたようたくんの苦労があったことがはっきりわかった。嫌で逃げて
いたのではなく、ようたくんだってトイレに行って出してパンツになり
たかったんだよね。1番それにつき合ってくれた私に"パンツになった
よ"の報告をしてくれたのだ。それだけパンツになるということは、こ
の1、2歳児にとっては大変で、一大イベントであることを教えられた。

97

コラム

パンツと紙オムツ・布オムツ、みんな偉大だ

　パンツの偉大さは、本書で紹介したエピソードの通りである。ではオムツはどうかと言うと、このオムツもかなり偉大な存在である。

　その昔、日本では戦前まで"小便ぶとん"という30×30cmくらいの四角い座布団を寝ている赤ちゃんのおしりの下に敷いていたという。これを2～3枚用意して、半日交替で干しては使っていた。布オムツは、布は貴重だったため、もともとは古くなった浴衣などを利用してつくられていた。

　紙オムツは1940年代にスウェーデンで考案され、1950年ごろから日本でも販売された。紙綿を重ねて布で包んだだけのもので、オムツカバーと一緒に使うものだった。1981年には日本製のテープ式紙オムツが発売。その後、吸収力や薄さを追求した技術革新が進み、現在の紙オムツの使用率は、オムツ全体の約90％に達しているという。1990年にはパンツ式紙オムツも発売されている。

　一方、布のトレーニングパンツも発展を遂げており、種類も豊富で、6層のものは4層の2倍の吸収量という。「吊り式」という中の層が引っぱり出せるものもあり、洗濯時に乾きやすい。トイレトレーニングが終わったら中の層を切り離して使えるタイプもある。

　布オムツも紙オムツもパンツも、日進月歩で改善されてきているのがわかる。ただ私としては、どれを選ぼうが保護者として"これはいい！"と思うもの、子どもが好きで選んだものが1番いいと思っている。親子で一歩進むごとに喜びを味わえるものこそが偉大な効力を発揮してくれるに違いない。

（水野）

＊アズマカナコ『布おむつで育ててみよう』文芸社、2009年、6-7頁
＊ベネッセ教育情報サイト「トイレトレーニングパンツ・パッドの選び方と使い方」https://benesse.jp/kosodate/201702/20170202-3.html（2019年6月14日閲覧）

第7章　パンツは偉大だ

2
偉大すぎるパンツ

のりみ（女児、3歳1ヶ月）

　夕方の降園時間帯、のりみちゃんとお母さんが帰るために階段を下りてきた。ちょっと斬新な姿ののりみちゃんに、

　　私：のりみちゃん、パンツになったんだ。お姉さんだね！

とほめたら、のりみちゃんはうれしそうに階段を下りていく。

　　お母さん：そうなんです。パンツになったのがうれしくて、いい
　　　のかなとは思うけど、どうしてもこれで帰るというので……
　　私：そうかあ！　この時期は、パンツは偉大ですよ。パンツにな
　　　る喜びは、この時期の子にとってすごいことなんですからね

　のりみちゃんのあまりの喜びように、ついそう言ってしまうと、

　　お母さん：そうですよね！

と笑顔になったお母さん、子どもと一緒に玄関に向かっていった。紺のズボンの上に真っ白なパンツ。目立つ〜！

親子の喜びは計り知れない

　ズボンの上にパンツをはいている状態のまま帰っていこうとするこの親子。それだけ親にとってもわが子がパンツになった喜びは大きいのだろう。自信たっぷりに階段を下りていくのりみちゃんの姿は輝いていた。

99

こんな時は一生に今のこの時期にしかない。親子で喜びを噛みしめてほしいと思った。そしてやっぱりパンツは偉大だと私も噛みしめた。

3

パンツの窓

ゆうすけ（男児、3歳3ヶ月）

　トイレに来たゆうすけくんが、パンツをはくと私にしがみついてきた。私は抱きしめながらパンツに手をやるとパンツをうしろ前にはいていたのがわかった。

　　私：ゆうすけくん、パンツうしろ前、こっちが前だよ。ちんちん
　　　出す穴、うしろにあるもん！

と言うと、急に“はっ”とうしろを見て、前を見て、あわててパンツを脱いで、うしろ前を直してはき替える。はき替えたパンツをジーッと見てホッとしてズボンをはきにいった。

記念写真!?
　その日、お迎えにきたお母さんが、「昨日、窓つきパンツを買ってあげたら、早速はいて窓からちんちん出して大喜びして部屋中を走り回って、“写真、撮って〜！”って言うんですよ。それって変態写真じゃない！　と思ったけど、まあ、撮りましたけどね」と話していた。そんなことがあったから“パンツうしろ前だよ、窓がうしろにあるよ”という言葉に敏感だったんだということがわかった。なんやかんや言っても窓つきパンツになれたことを親子で喜んでいる。私は、お母さんに向かって「ある意味、それ記念写真ですよね」と言ってしまった。

解説 世界のトイレシーンの歴史

「みんなが同じ」「だれもが大切」を感じる場としてのトイレ

「女の子だから座ってするんだよ」という水野さんの言葉に納得せず、「私も立ってやりたい！」というりおちゃん（87頁）。トイレは1人ではなく友だちと一緒でこそ楽しいと感じるこのみちゃんと「はんぶんこ」のきょうじくん（75頁）。トイレットペーパーの海を楽しむじょうくん（46頁）。こうした子どもたちのエピソードを読んでいて、子どもの育ちや動きはすごいなあと思う。

なぜなら、排泄とトイレの歴史や文化をひもといてみると、日本でも江戸時代には多くの大人の女性が立小便をしていた証拠が残っている[1]。また「ガガネー（うんこをしている人）」という名のクリスマスの人形がスペイン・バルセロナ地方では毎年作られていて、「人がうんこをしているところを想像してごらん。そうすると『人間はみんな同じなんだ』と思えて元気が出てくる」という言い伝えがあるそうだ[2]。

トイレという場所は「みんなが同じ」「だれもが大切」を感じる場でもある。それを子どもも感じているのではないだろうか。

トイレットペーパーというロール式の紙が使われるようになったのも、アメリカで1871年、日本でも1930年ごろで、当時の新聞広告では大人にもロールの使い方が示されている[1]。平らな紙とは違うロールに不思議を感じる子どもたちは、だから歴史的にみるときわめてまっとうとも言えよう。

揺れ動くトイレ文化

大勢の子どもたちの保育の中では、1人1人のトイレトレーニングを、限られた人数の保育者で担うのはなかなか困難である。したがって、一斉に特定の時間に排泄を並んでさせるという一斉集団で

の排泄がさまざまな国でもなされていた写真が残っている。

　たとえばイタリアでは、1930年代に18〜24ヶ月の子どもたちが一斉に時間を決めてトイレに座らされている写真が残っているし[3]、中国でも個室ではなく共同トイレで一斉に列に並んで排泄をしている幼児の映像が残っている[4]。1人1人の排泄のニーズに応じた対応をいつどのようにするのかは1950年代以降の変化によって生まれていったようである。

　オムツに関して言うなら、日本では1930年代には、「おむつを用いないですむ赤ちゃんの育て方」ということが議論されたという。そして「出来るだけ赤ちゃんに気持ちよくしてもらいたいから、おむつの外で排泄させてあげたい」ということからおむつなし育児が一部の人たちで試みられたという[6]。その後、米国でのブラゼルトン博士の「1歳半から2歳になってからトイレで排泄することを学習するのがよい」という研究にもとづくトイレトレーニングスタンダードやスポック博士の育児書の普及によって小児科医や発達心理学者の意見が普及し、また同時期に開発された紙オムツの普及によって排泄の自立への考え方も生まれていった[5]。そして、わが国でもオムツに関して同時期である1950年代後半ごろから、心理学者や小児科医等の影響を受けて乳児期のオムツをめぐる考え方も変わっていっている。またインターネットでの子育て情報などでは、国によって2〜4歳ごろでという意見もあれば、暑い国では早いという情報もある。まさにオムツやトイレはその時代や社会の文化の影響を受けて揺れ動いているのである。　　　　　　　（秋田）

1　屎尿・下水研究会編『トイレ──排泄の空間から見る日本の文化と歴史』ミネルヴァ書房、2016年
2　森枝雄司／写真・文、はらさんぺい／絵『トイレのおかげ』福音館書店、2007年
3　Gandini, L. & Edwards, C, P. 2001, Bambini: The Italian Approach to Infant/Toddler Care, Teachers College Pr
4　Tobin, J. Wu, D, Y, H. & Davidson, D. H. 1991, Preschool in Three Cultures: Japan, China and the United States, Yale University Press
5　和田智代『赤ちゃんはできる！　幸せの排泄コミュニケーション──「おむつにたよりすぎない育児」という選択』言叢社、2018年
6　三砂ちづる『新版　五感を育てるおむつなし育児』主婦の友社、2018年

第8章

悩みも喜びも
保護者とともに

　排泄が自立するまでは、子どももとまどうが、保護者もとまどっている。わからないことだらけなのに、周囲からは、親が子どもの排泄のしつけをするのは当たり前という目で見られ、「いつまでオムツにしているの？」と言われて落ち込む保護者もいる。排泄が自立していくまでの過程を一緒に喜び、がんばっている保護者に声をかけていくことが、ともに歩む保育士の役割でもある。

1
お母さん、がんばったね

（1）パンツにしてみたものの……

あやの（女児、2歳6ヶ月）

　あやのちゃんのお母さんから「そろそろパンツにしてみようかと思うのですが……今度の休みの時にでもやってみようかなと思っています」と声をかけられた。あやのちゃんはまだ1回もトイレで排尿に成功していなかったので、私としてはもう少し様子を見てからと思っていたが、お母さんの前向きな思いにこたえたくて、「では、園にもパンツとズボン多めに持ってきてください。家と園で一緒にやったほうが、早くオムツが取れると思うので、園でも一緒にやりますね。相談しながらやっていきましょう」と答えた。するとお母さんは、「えっ」

と言って首をかしげている。"あれ？ お母さんのほうから言い出したのに、どうしたのかな？ はじめての子どもだからちゃんとできるかどうか不安なのかな？"と思った。

　それでもお母さんは自分の言葉通り、次の週末の朝からパンツにして、時間を見計らってトイレに連れていってみたようであった。連絡ノートにメモがはさまっていた。トイレに連れていった時間とその時排尿できた時は"成功"と書いてあった。私は思わず"あ～、お母さん1人でがんばったんだなあ"と思った。その日、あやのちゃんをトイレに連れていくと必ず、おしっこが出る。本当にスムーズにトイレで排尿をしたのには、びっくりであった。お母さんのすごい努力が伝わってきた。あやのちゃんも嫌がらずトイレに行き排尿すると、うれしそうに自分のロッカーからパンツを持ってきた。

　私は連絡帳に"お母さん、感動しました。お母さんがんばったんですね。あやのちゃんがトイレでおしっこができるようになっていてびっくりしました"と思わず書いてしまった。そしてお母さんと会った時も「お母さん、がんばったんですね。あやのちゃんほとんど失敗しなくてスムーズにオムツ取れましたね。お母さんもあやのちゃんもすごいです」と言うと、お母さんは笑ったけど首をかしげていた。やっぱり大変だったんだなと思った。スムーズにパンツへの移行が進んでいったわけではないことが、お母さんの姿からうかがわれた。それだけに、やっぱり1人でお母さんよくがんばったんだと思った。

（2）笑顔が消えていくお母さん

こうすけ（男児、3歳0ヶ月）

　こうすけくんのお母さんが「パンツにしました。パンツを持ってきました」と言って登園してきた。私は"まだトイレでおしっこほと

んど出ないのに、もうパンツ!? 大丈夫だろうか"と心配になったが、"まあ、もらしておしっこが出る感覚がわかればいいかな"と思って受け入れた。案の定、1日何回ももらして着替えることとなった。それでもトイレに座るようになったのでいいかなと思っていた。

次の日、いつもニコニコしているお母さんが、その日は引きつった笑顔で「"トイレに行かない"と言って行かないし、パンツまで嫌がるようになりました。無理しないでやってください」と言ってきた。さすがにこうすけくんは、その日は保育園でも1日「トイレ行かない」と言って行かなかった。でもパンツははいてくれるので、私としてはそれだけで充分と思っていた。

しかし、お母さんのほうが、日ごとに顔から笑顔が消えていった。くり返し「無理しないでください」と言ってくる。"無理していないんだけどね"と言いたかったが、受け入れる余裕はなさそうなお母さんであった。"無理しちゃったのはお母さんかなあ。これは長引くぞ"と思った。園ではこうすけくんがトイレを嫌がれば無理に行かせない

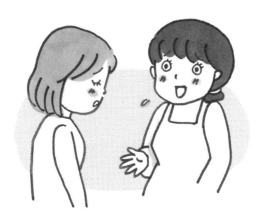

し、失敗しても着替えさせるだけで何も私は言わなかった。パンツは
はいてくれるので、おしっこを出す感覚を覚えるのにはいい経験だと
思っていた。

　失敗しないようにして排泄の自立をさせようとしても無理な話であ
る。私は、こうすけくん本人よりもお母さんのほうが心配になって声
をかけにいった。「お母さん、今日はね、園庭に行ったら他のクラス
の先生に"お兄さんパンツなんだよ"と言ってズボンをチラッとめ
くってパンツ見せていたんですよ」と言うと、お母さんはニッコリし
た。次の日は「今日、トイレで成功して、午前中パンツぬらさなかっ
たんですよ！　すごいでしょう！」と伝えるとお母さんの顔が元のニ
コニコの顔に戻ってきた。お母さんの笑顔が戻ると、こうすけくんの
トイレの成功率は上がった。

　親子ともにつらい時期を私も一緒に歩み、私（保育士）もがんばっ
ていること、心配していることを伝えていく。お母さんのほうから
「今日、パンツで登園してきました」とうれしそうに連れてくる。私
は思わず「こうすけくん、すごいね！　やったね！」と喜んだ。それ
からは心配することはなくなり、こうすけくんは、スムーズに自立へ
と向かっていった。お母さんの笑顔も日ごとに素敵になった。

ともに歩めるのも保育士だから

　声をかけるたび首をかしげるあやのちゃんのお母さんの姿に、トイレ
への移行がスムーズに進んでいるわけではないということがわかった。
こうすけくんは、やっとトイレでおしっこが出たのにトイレは嫌がり、
パンツもいっぱい買って"お兄さんパンツだ"と言って喜んでいたのに
「もうはかない」と言い出す。お母さんとしては、"今までできていたのに、
今が大事なのに"と焦ってしまったのだろう。

　１人で子どもと向かい合い、失敗が続くとがっかりくるであろう。な
んとかしたいと思うあまり、お母さんのほうがつらくなってしまう。し

かも排泄の自立は、何をしても自分の思い通りにならないと「ヤダ〜！」をくり返し、逃げ回る、泣き叫ぶ、そんな時期と重なる。お母さんが困ってしまうのもイライラするのも当然である。

　そんな時、「お母さん、がんばりましたね」の一言でもかけられたらと思う。お母さんのがんばりを認めていけるのは、同じことをやっている保育士だからできることである。保育士として大変さを分かち合い、ともに歩んでいきたい。

2
背中を押すタイミング

（1）まだ、オムツで

しんご（男児、2歳6ヶ月）

　お昼寝から起きてきたしんごくんのオムツは、パンパンになっておりおしっこがいっぱい出ていた。けれど、トイレに誘ってみると、トイレでもおしっこが出てびっくり。これならパンツにできるのではないかと思った。便器に座ってまた出たということは、自分でおしっこを出す感覚が出てきたということなのだから。降園時、お母さんにその状況を話し、

　　私：もう少しでパンツになれそうですね

と言ってみたら、意外な答えが返ってきた。

　　お母さん：もう少し、オムツの時期があってもいいかなあ。もう
　　　最後だからオムツがなくなるのもさびしいかなぁと思って……

第8章　悩みも喜びも保護者とともに

　お母さんにとってオムツは、子育ての最初の象徴なのかもしれない。

(2) もう、パンツ……

たつや（男児、2歳6ヶ月）

　たつやくんは、トイレに行くと必ずおしっこが出る。オムツがぬれ
ている時もあるが、ほとんどぬらさずにトイレでおしっこができてい
た。そこで降園時にお母さんにパンツのお願いをしようと思い、声を
かけた。あまりオムツがぬれていないことを話したあと、

　　私：お母さん、そろそろパンツにしませんか？
　　お母さん：え！　パンツ！
　　私：パンツ持ってきてください。はじめはぬらすと思いますが
　　お母さん：え！　パンツですよね!?
　　私：パンツです！
　　お母さん：パンツですかぁ……
　　私：パンツです！　たつやくん、トイレでおしっこ出るんですよ。
　　　　幼児組さんのお兄さんがおしっこするところをよく見ていて、
　　　　まねして立っておしっこもできるんですよ
　　お母さん：え！　うちでは、嫌がるから1回もやってないんです
　　　　が、え～！
　　私：お母さん、もうたつやくんトイレでおしっこしてるからパン
　　　　ツとオムツ両方を持ってきておいてください。園にいる午睡以
　　　　外の時間、パンツにしてみましょう
　　お母さん：あぁ、そうですか。パンツ用意できたら持ってきます。
　　　　ズボンもですよね
　　私：そうですね。ズボンも多めにお願いします

109

あまりにもお母さんが驚いているので、思わず、

私：お母さん、家でもやってみてください。トイレでおしっこで
　きますよ
お母さん：あ、はい。はい……

お母さんの気持ちが整うまで

　しんごくんは、小学生になるお兄ちゃんとお姉ちゃんと幼児組にもお
姉ちゃんがいる兄姉がいっぱいいる中の末っ子だった。そのためお母さ
んにとっては、ずっとオムツがある生活が何年も続いていた。しんごく
んで最後のオムツがなくなると思うとお母さんにとっては、さびしい思
いがあったようである。オムツを取り替えることを何百回とやってきた
からこそ感じるさびしさ。子どもの成長はうれしいが、自立していくさ
びしさがお母さんの中にあったのだろう。

　私としては、パンツにするタイミングを逃してしまったばかりに、オ
ムツに出してトイレでは出ないもどかしさからトイレに座りたがらなく
なった子や、パンツだともれる気持ち悪さがわかってしまってパンツを
嫌がるようになって逃げだす子をたくさん見ている。それだけに“今が
チャンスと思った時にやらないと、パンツになるまでの時間が長引く
ぞ”と焦ってしまった。母親としての思いもくみ取りながら、子どもだ
けでなくお母さんの気持ちが整うまで、ちょっと待つことも必要だと気
づかされた。

　たつやくんは、お母さんにとってはじめての子どもでかわいくて仕方
なく、毎日抱きしめての登園であった。まだ赤ちゃんだと思っていたと
ころに、私からパンツの話が出てびっくりしたようである。まだまだパ
ンツなんてほど遠いもので頭になかったお母さんにとっては、衝撃的
だったようである。「パンツ」を連発して飲み込むまでに時間がかかっ
た。不安だったとは思うが、パンツを買ってきてくれた。

　たつやくんがパンツをもって喜ぶ顔とお母さんの不安そうな顔が対照
的であった。どうやっていいのかわからないお母さんは、１日中パンツ

110

にしなくてはいけないのかと思ったらしく、初日から降園の時もパンツで、途中でもらさないように急いで家に連れて帰ったということであった。「そんなに急にしなくてもいいんですよ。昼間のちょっとの時間やってみてます。お昼寝は、オムツにしています」と言うと、ホッとするかと思ったら真剣に聞いてうなずいていた。どうしていいのかわからない、突然やってきたパンツである。ちょっとずつやり方を知らせたり、子どもの成長を知らせたりして、お母さんがホッとできるような関わりが必要なんだと再認識した。

　子どもが十人十色なら保護者だってみんな違う。保育士のほうから"きっとこう思っているんだろう"などと決めつけず、時には一緒に立ち止まりながら、ちょっと先が見えるようにしていけたらと思う。

コラム

「出す」と「食べる」はつながっている

　子どもの排泄の悩みといえば、毎年のように「便秘なんです。3日も出ていません」と言ってくるお母さんがいる。「水分を多めにとるようにしていきますね」と言うと、「えっ！　考えたこともなかった」という答えが返ってきたりする。よく話を聞いていくと、食べたがらないからと、食べさせる食品が偏っていたり量が少なかったりする。自分で情報を探して工夫している保護者もいるが、食事の仕方は変えずに「薬を飲ませてきた」とか「病院に行ってきた」という保護者も多い。逆に下痢が続いている子に「おなかにいいから」とバナナばかり食べさせていることがわかって、あわてることもある。そんな保育士から見て驚くような食生活であっても、保護者のほうは単に知らないだけだったり、なんらかの事情を抱えていたりすることもある。丁寧に話を聞いて相談にのること、家庭で今はできないことを園でちょっと補いながら、子どもの変化を共有していくことが大切である。

　便秘や下痢になりがちな体質の子もいる。「この子、いつもうんちがゆるめだから、パンツにするのは無理です」という声も聞かれる。いつもゆるめなら、それはその子の体質であり、大人がもれるのをこわがっていたのではいつになってもパンツになれない。子ども1人1人の体質を把握し、個別に配慮しつつ、自立に向かっていけるよう保護者を励ましていくことも必要になってくる。

　人間は、食べて、出して、寝るという基本的生活習慣が整っていかなければ元気に生活できない。排泄だけを整えようとしても食べなければ出ないし、睡眠も含めた生活リズムが崩れれば病気にもなりやすくなり、パンツへの移行どころではなくなる。排泄だけを取りだして考えるのではなく、いろいろな関連を見つめて家庭と連携していくことが、子どもの排泄の自立には欠かせない。　　　（水野）

まとめにかえて

まとめにかえて

保育の豊かさを支える排泄の時間

本書のスタンスと特徴

　水野さんの保育実践記録からは、乳児クラスの1人1人の子どもの生きいきとした姿とともに、水野さんという熟練の保育者がどのような居方やまなざしで子どもの傍らにいるのかが浮かび上がってくる。その中で、私は、排泄という行為が子どもを育てていく時に、養護者との間でどれほど信頼や承認関係の基礎をつくり出していくのか、また保育者が排泄の自立について親をどのように支援しているのかを学び、深く考えさせられた。

　それは第一に、排泄が人が人として生きる営みとしていかに社会や文化によって規定されてきているのかということである。

　また第二に、この実践記録はいわゆるこうすればよい、こうするべきという規範的な「トイレトレーニング」の見方やノウハウ本とは明らかにスタンスを異とする。専門家である保育者の専門的な保育行為としての排泄の時間や、保育の場としてのトイレのあり方を描出している。排泄にまつわる子どものありのままの姿や言葉をもとに、その記録から園での排泄の中にある豊かさとは何かを考える記録である。それは排泄という行為だから生まれる保育者と子どもの関係の豊かさや子ども同士のおもしろい関係で

113

あり、排泄をめぐり築かれる保育者と保護者、子どもの関係の豊かさである。

　付言すれば、水野さんの園のトイレは特別なデザインのすごいトイレ設計ではなく、どこの園でもあるトイレである。また水野さんも保育者としてチームで実際に日々保育をしておられ、園の中で大事にしてきている行為がそこに埋め込まれている。だからこそどの園でもどの保育者も、この本の記録から自分たちの日々の実践とつなげて読んで、保育としての排泄の指導や援助をより豊かにしていくことを改めて考えてみてもらえると思う。もちろん、その姿を記録としてとどめ珠玉のエピソードの数々にされたのは水野さんの保育者としての高度な専門性である。

排泄から考える、人がヒトらしくあることの根源────────

　親としての私自身の子育てを思い出してみると、第一子の長女を出産し退院直後、保育経験のない子育て素人の私が親として最初に受けたショックは、オムツの中の我が子の排泄物の処理をどうしたらよいのかという他者の排泄物への抵抗感であり、便秘に苦しむ子どもに何をしたらよいのかという親としての無力感であり、またオムツをはずそうとしたら思いもよらぬところでもらすなどの迷惑行為にとまどいあわてふためく思い出である。それを実母や義母、そして保育者と子育ての先輩たちに助けてもらい、教えてもらいながら、私は親子で学んでいった。子どもの発達や食や遊びは学んでも、排泄へ向き合うリアルな学びは目の前の子どもと向き合わなければ学べない。

　親が親として育つ根幹に、下の世話を引き受けるということがあるのかもしれない。摂食と排泄、睡眠と運動がどのようにある

のかは、人間が生きていく根幹を問うことにつながり、生き方の哲学にかかわるという確信を本書を契機に得るようになった。

　現在、少子高齢化社会において、私たちは保育におけるケアと同時に高齢者への介護の問題においても、食と排泄の問題に直面している。高分子ポリマーの紙オムツが開発され、何度排泄しても大丈夫という宣伝なども出ている。それは大勢の人を対象とするケアに関わる側から見れば楽になることである。そして失敗させたくない、失敗するとあと始末が大変、汚されたくないというケアする側からの思いから、幼児になってもオムツをして園にくる子どもたち、施設に入ると無理にでもオムツにされる高齢者の姿がある。それはケアする側の論理である。人が人間らしく尊厳を保ち自立することを、人間の開発した便利な道具、オムツは奪う危険性も秘めている。

　と言って、私はオムツ育児はいけないと言っているのではない。「おむつなし育児」等も昨今されているが、大事にしたいのは育ちの時期や自立への道のりを保育者や保護者がともに大事に考えることである。排泄の自立への道のりは、失敗を許すことであり、どうにもならないハプニングを受け入れることであり、時には失敗のあと始末に泣き笑いの感情が生まれることを覚悟し、その関係を引き受けることである。それによって排泄の感覚や感受性を育み保つことができる。人だけがトイレで排泄し、自分自身であと始末する。そこに人らしさがある。

　現在、排泄後のオムツ処理は環境汚染の問題にもなっている。紙オムツ回収の問題がエコロジーともつながっているという視点もまた、長期的に私たちが持続可能な社会を考えることにもつながっていく。糞が堆肥になりまた活用される環を知らないうちに便利さが分断していること、そんなことにも思いをはせたい。

専門家の行為としての排泄自立への支援

　保育の場の中で、保育室や園庭が活動の中心の場、「陽の場」
であるとすると、トイレは周縁、すみっこの「陰の場」である。
しかしだからこそ、子どもたちにとって、保育者と1対1で向き
合い、甘えたり手をかけてもらえる時間でもあったり、時には強
要される場にもなる。だから不思議で、おもしろくなったりも、
行きたくない嫌な場にもなったりする。

　水野さんのエピソードは、子どもにとって自分や友だちが排泄
することの不思議さと驚き、排泄の成功と失敗、トイレという場
にあるものや排泄の仕方が、排泄の自立だけではなく、排泄を通
して保育者との絆、自信や仲間との関係性等、心身ともにさまざ
まな側面を育むことを伝えてくれる。

　排泄はケアしケアされるものの間の関係において、言語的・非
言語的対話を生みスキンシップが生まれる貴重な機会でもある。
そしてその時に、便や尿の様子によって健康を体の内側からのサ
インを通して知ることができる。現在、乳児からの便秘が増えて
いるという（中野 2015）。そこにはどのような食事を乳児期に
取っているかが関係している。

　またお尻をふいてもらう心地よさに身をゆだねる中で、子ども
たちは保育者との語りえない関係を生む。早くできる子もいれば
遅い子もいる。1人1人の体のリズムは違う。そうした1人1人
に応じ理解することを保育者に教えてくれる場にもなる。

　そして園のトイレだからこそ、子どもたちは男女の違いを体感
したり、まねをしてみたくなったり、一緒にいたずらをしたりし
て笑い合ったりする。それはトイレという場が差異を持つ多様な

者を受け入れるインクルージョンの起点になることを示している。

　オムツからパンツへ、そのことがどれほど誇らしいことかを、大人の多くは忘れている。パンツになることの中に生まれる小さな誇り、パンツを買う親の喜び、それを喜べる保育者との三者関係。子どもの育ちの中である時期にのみ生まれる、子どもと保育者、保護者の小さな物語。それを幸せとして分かち合い感じられるような保育は、その後の子どもの育ちへの豊かな根っこを生むのではないだろうか。

　水野さんの実践記録から、排泄が生む豊かな対話と喜びを分かち合い、どの園でも排泄をめぐるひそやかな保育をより豊かなものとしていただけるなら幸いである。表舞台では見えない保育の豊かな時間と場を大事にしたい。

秋田喜代美

＊中野美和子 2015『赤ちゃんからはじまる便秘問題』言叢社

謝　辞

　この本は、たくさんの方々に支えていただきつくることができました。

　まず、日ごろからお世話になっている秋田喜代美先生と中坪史典先生のお二人の先生に背中を押していただき、本づくりが動き出しました。

　秋田先生とは、実践者・研究者をまじえた研究会で学び合いながら保育を考える機会を与えていただいています。このたびは、「排泄」ということを大きくとらえた解説を執筆いただき、本に広がりを加えていただきました。また中坪先生とは、先生は研究者の立場から、私は実践者の立場から意見をかわし合い、ともに保育を見つめ、保育の中の見えないものを形にする研究をすすめてきました。今回も先生と一緒に取り組んだ「排泄の自立」の研究部分を本の中でさらに深めていただきました。お二人の先生に改めて感謝申し上げます。

　そして明星大学大学院でお世話になった諏訪きぬ先生には、はじめて研究の世界を教えていただき、研究する目というものを育てていただきました。ありがとうございました。

　本書でイラストを担当してくれたネモトトモヨは私の実妹です。写真では撮りにくい排泄場面を、私の短い文章だけで思い浮かべ、あたたかみのあるわかりやすい絵に表現してくれました。ありがとう。そしてひとなる書房の松井玲子さんには、本を書くことに慣れていなかった私に、細かいところの編集や心遣いをしていただき感謝しています。

　何より、毎日のように素直な素敵な姿を見せ、人として育つとは何かを身をもって教えてくれる子どもたち、そして保護者のみなさんに感謝いたします。職場である佼成育子園の園長先生および同僚のみなさんには、長年にわたり私に保育の真髄を教えてくださり、保育士として育てていただきました。心から感謝申し上げます。

　最後になりましたが、本書を手にとってくださった読者のみなさん、ありがとうございます。小さな子どもたちのそばにいる保育士さん、子育て中の保護者のみなさんの心に少しでも残るものがあり、子どもとともに排泄の自立を楽しいものにしていっていただけたら幸いです。

水野佳津子

●著者プロフィール

水野佳津子（みずの　かづこ）……エピソード・コラム

立正佼成会附属佼成育子園保育士（勤続36年）。保育士として働くかたわら、明星大学人文学部心理・教育学科（通信）3年次編入学士（教育学）および同大学院人文学研究科教育学専攻（通信）博士前期課程修士（教育学）卒業、自身で書いた保育記録をもとに乳児保育の研究をつづける。著書に、中坪史典編著『テーマでみる保育実践の中にある保育者の専門性へのアプローチ』（共著、ミネルヴァ書房、2018年）、秋田喜代美他編著『保育内容　環境』第3版（共著、みらい出版、2018年）など。

秋田喜代美（あきた　きよみ）……解説（p48・61・101）・まとめにかえて

東京大学大学院教育学研究科教授。おもな著書に『園づくりのことば──保育をつなぐミドルリーダーの秘訣』（共著、丸善出版、2019年）、『新保育の心もち』（単著、ひかりのくに、2019年）、『リーダーは保育をどうつくってきたか──実例で見るリーダーシップ研究』（単著、フレーベル館、2018年）など。

中坪史典（なかつぼ　ふみのり）……読者のみなさまへ・解説（p71・80）

広島大学大学院教育学研究科准教授。おもな著書に『テーマでみる保育実践の中にある保育者の専門性へのアプローチ』（編著、ミネルヴァ書房、2018年）、『保育を語り合う「協働型」園内研修のすすめ──組織の活性化と専門性の向上に向けて』（編著、中央法規出版、2018年）、『子ども理解のメソドロジー』（編著、ナカニシヤ出版、2012年）など。

● 本文イラスト──ネモトトモヨ　● 作図（p4・5）──藤森瑞樹
● 装幀・本文デザイン──山田道弘　● カバー写真（表）──川内松男

エピソードでたどる　**排泄の自立と保育**──近道・まわり道

2019年8月20日　初版発行

著　者　水野佳津子

秋田喜代美

中坪　史典

発行者　名古屋研一

発行所　(株)ひとなる書房
東京都文京区本郷2-17-13
TEL 03 (3811) 1372
FAX 03 (3811) 1383
Email：hitonaru@alles.or.jp

©2019　組版／リュウズ　印刷／中央精版印刷株式会社
＊落丁本、乱丁本はお取り替えいたします。